集中连片特困地区森林旅游目的地社区农户返贫阻断机制研究

邱守明　王梦月　任红颖　刘　越　著

中国农业出版社
北　京

前　言

由于区域地理环境的差异性、资源分布的不均等性、经济发展的不平衡性等因素，贫困问题一直伴随着人类社会的发展。自党的十八大以来，我国的扶贫开发进入脱贫攻坚的历史性阶段，迈进了精准扶贫、精准脱贫的新时代。经过8年的努力，我国如期完成了新时代脱贫攻坚目标任务，年均减贫人数超过1 000万人，累计脱贫近1亿人，消除了绝对贫困和区域性整体贫困，全国832个国家级贫困县全部脱贫摘帽，农村贫困人口全部脱贫，人均可支配收入显著增长。新时代脱贫攻坚目标任务如期完成，但贫困问题具有复杂性和系统性，脱贫摘帽无法保证一劳永逸，返贫致贫风险仍然存在，打赢脱贫攻坚战后对返贫致贫问题仍然需要持续关注。2021年中央1号文件提出要“坚决守住不发生规模性返贫底线，完善监测帮扶机制，持续巩固拓展脱贫攻坚成果，实现巩固拓展脱贫攻坚成果同乡村振兴有效衔接”，如何让脱贫成果更加稳固、成效更加持续成为当下实施乡村振兴战略工作的重要基础。

14个集中连片特困地区是我国过去贫困人口最多、贫困程度最深、贫困面积最广的区域，也是精准扶贫与乡村振兴的重点地区，这些地区致贫原因复杂，产业发展基础薄弱，对地区经济发展的带动能力较弱，农户脱贫后存在一定的返贫风险。集中连片特困地区与我国森林旅游资源丰富的地区在地理空间上重合度高，云南省贫困地区森林覆盖率58.55%，共有自然保护区104个，占全省自然保护区数量的64.2%，丰富的森林旅游资源和优美的生态环境为发展森林旅游产业提供了天然条件和良好基础，不少地区通过发展森林旅游产业促进农户就业增收，实现了农户脱贫。但是森林旅游产业的发展具有较强的波动性，易受政策、市场、环境等因素的影响，加上农户自身能力限制，导致脱贫农户长期面临返贫风险。因此，聚焦集中连片特困地区森林旅游目的地的返贫现象，识别农户返贫风险、积极构建返贫阻断机制是稳固当前已有扶贫成果、稳步推进农村经济发展的必然要求。

本书主要围绕以下问题展开研究：第一，对国内脱贫工作的过程和结果、返贫现状进行了梳理，对森林旅游、要素配置、返贫、可持续生计等概念进行了界定，并对国内外集中连片特困地区扶贫研究、森林旅游研究、旅游扶贫成效研究、生产要素配置研究、生计资本研究和返贫研究进行了充分而翔实的综述；第二，介绍了我国贫困状况和集中连片特困地区现状、案例地贫困状况和森林旅游发展现状等；第三，将农户家庭生产要素配置的中介效应纳入理论框架，构建“森林旅游发展-家庭生产要素配置变动-农户收入变化”的理论分析框架，采用双重差分倾向得分匹配法（Propensity Score Matching-Differences-in-Differences，PSM-DID）和中介效应模型，探讨森林旅游发展给农户带来的增收效应及其作用路径；第四，运用熵权法测算农户家庭返贫风险大小，运用灰色关联分析法研究农户返贫风险的主导因素，在此基础上研究参与森林旅游如何影响农户返贫风险；第五，在前人研究成果的基础上，结合森林旅游目的地社区农户返贫风险评估分析结果进行梳理和归纳，总结出森林旅游目的地社区农户的返贫阻断机制。研究结果显示：第一，森林旅游发展显著带动了周边农户家庭增收。第二，发展森林旅游对农户家庭的自有耕地、资本、技能、人力 4 个生产要素配置变动均产生正向促进作用，并产生中介效应带动农户家庭增收；人力要素配置变动产生的中介效应最大，其次为资本要素配置变动，土地要素配置中的耕地变动与技能要素配置变动产生的中介效应较小；森林旅游发展后，土地要素配置中的林地并没有发生显著变动。第三，调研对象中半数以上的农户处于重度和高度返贫风险中。第四，参与森林旅游经营会显著影响农户的返贫风险，影响不同返贫风险等级农户返贫风险的主要因素各不相同。第五，基于实证研究结果，提出了森林旅游发展问题及森林旅游返贫风险问题的政策建议。

由于作者水平所限，书中难免存在不足之处，欢迎读者们指正。

目　　录

1 绪　论

1.1 背景

1.1.1 我国脱贫攻坚过程

新中国成立至改革开放之初的约30年中，由于经济基础薄弱，生产能力低下，我国成为世界上贫困人口最多的国家。我国的贫困人口数量大，集中连片特点明显，而且主要集中在农村地区。《中国农村贫困监测报告2020》将1978年的贫困线划定在人均年收入100元以内，按这个标准测算，当时全国贫困人口规模为2.5亿人，占全国人口总数的25.97%，占当时农村人口总数的30.7%，占世界贫困人口总数的1/4。如果以人均年收入200元作为农村温饱线，则贫困人口的数量更大。按照2011年我国制定的贫困标准及官方统计数据来测算，1978年我国贫困人口数量为7.7亿人。中国共产党自成立之日起，就一直关注人民群众的贫困问题，率领各族人民开展反贫困斗争，从救济式扶贫、开发式扶贫到精准扶贫、精准脱贫，中国共产党带领中国人民艰辛探索摆脱贫困的中国道路（表1-1）（王焕刚 等，2021）。

表1-1　1978—2020年我国主要扶贫政策概览

阶段	主要扶贫政策	主要扶贫方式			
		基础设施建设方面	产业发展方面	就业支持方面	其他配套政策支持方面
1978—1993年：以救济式扶贫为主	《国务院关于认真做好扶助农村贫困户工作的通知》《中共中央　国务院关于帮助贫困地区尽快改变面貌的通知》《国务院关于加强贫困地区经济开发工作的通知》	搞好能源、交通等基础设施建设，支持乡村工业、商品流通的发展等	改善生产生活条件、发展乡镇企业和各种家庭工副业等	以工代赈、劳务输出、兴办乡村扶贫经济实体等	农业政策、教育政策等

（续）

阶段	主要扶贫政策	主要扶贫方式			
		基础设施建设方面	产业发展方面	就业支持方面	其他配套政策支持方面
1990—2000年：开发式扶贫（第一阶段）	《国家八七扶贫攻坚计划》	解决人畜饮水困难、公路修建、电力保障	发展种植业、养殖业等，开发名特稀优产品，发展乡镇企业，以及开发式移民等	以工代赈、就业培训、劳务输出、支持乡镇企业优先雇佣贫困劳动力等	金融政策、财税政策、经济开发优惠政策
2001—2010年：开发式扶贫（第二阶段）	《中国农村扶贫开发纲要（2001—2010年）》	解决人畜饮水困难、通电、通路、通邮、通电话、通广播电视、卫生院和卫生室建设、农产品批发市场建设	产业发展和产业化经营、科技扶贫、教育扶贫、自愿移民搬迁、招商引资等	以工代赈、就业培训、劳务输出、给能够雇佣贫困劳动力的企业提供政策支持	财政政策、金融政策、西部大开发战略相关发展政策
2011—2014年：开发式扶贫（第三阶段）	《中国农村扶贫开发纲要（2011—2020年）》	土地整治，农田水利建设工程，饮水安全工程，交通建设，物流体系建设，电网改造升级，村村通有线电视、电话、互联网工程等	易地搬迁扶贫、整村推进、产业扶贫、科技扶贫、教育扶贫和健康扶贫等	就业培训、劳务输出、以工代赈等	财税政策、社会保障政策、金融政策、产业政策、土地政策等
2015—2020年：精准扶贫（2014年党中央开始研究推动精准扶贫战略落地）	《中共中央 国务院关于打赢脱贫攻坚战的决定》《中共中央 国务院关于打赢脱贫攻坚战三年行动的指导意见》等	土地整治，农田水利建设工程，饮水安全工程，交通建设，物流体系建设，电网改造升级，村村通有线电视、电话、互联网工程，危房改造和人居环境整治，移动应用软件和智能终端开发	易地搬迁扶贫、整村推进、产业扶贫、科技扶贫、教育扶贫、健康扶贫、网络扶贫、电商扶贫、扶志行动、东西协作、定点扶贫、社会扶贫和消费扶贫等	就业培训、劳务输出、以工代赈、兴办扶贫工厂等	财税政策、金融政策、土地政策、人才和科技支撑政策等

资料来源：王焕刚，张程，聂常虹．我国扶贫政策演进历程与农村社会的多维度变迁：分析与启示[J]．中国科学院院刊，2021（7）：788。

2012年党的十八大召开，标志着中国特色社会主义进入新时代，以习近平同志为核心的党中央坚持为中国人民谋幸福、为中华民族谋复兴的初心和使命，把人民对美好生活的向往作为奋斗目标，实施以人民为中心的减贫制度，把贫困人口脱贫作为全面建成小康社会的底线任务和硬性指标，汇聚全党全国全社会之力打响真扶贫、扶真贫、真脱贫的脱贫攻坚战，进入精准扶贫、脱贫攻坚、逐步实现全体人民共同富裕的历史新阶段。习近平总书记在创新马克思主义反贫困理论的基础上，把脱贫攻坚摆在治国理政的重要位置并上升为国家总体发展战略，为打赢脱贫攻坚战提供了重要的思想指导与实践指导。

2013年11月，习近平总书记在湖南湘西考察时，首次提出"实事求是、因地制宜、分类指导、精准扶贫"的理念，并将其作为脱贫攻坚的基本方略。2014年，习近平总书记又提出"看真贫、扶真贫、真扶贫"的要求，亲自进行了精准扶贫工作模式的顶层设计。为推动"精准扶贫"，2014年1月25日，中共中央办公厅、国务院办公厅印发《关于创新机制扎实推进农村扶贫开发工作的意见》，将中国农村扶贫开发推进到"精准扶贫"新时期，要求切实做到扶真贫、真扶贫。2015年11月29日，中共中央、国务院颁布了《中共中央 国务院关于打赢脱贫攻坚战的决定》，以指导当前和今后一个时期的脱贫攻坚。2016年，国务院出台《"十三五"脱贫攻坚规划》，为打赢脱贫攻坚战制定了时间表和路线图。2017年，党的十九大对脱贫攻坚伟大斗争做出新部署，把打赢脱贫攻坚战作为全面建成小康社会的三大攻坚战之一，举全党全国之力坚决完成脱贫攻坚任务。针对当时我国贫困发生率尚有3.1%的实际状况，中共中央、国务院2018年6月15日公布了《关于打赢脱贫攻坚战三年行动的指导意见》，要求"集中力量攻克贫困的难中之难、坚中之坚"，全党全国昂扬进入坚决打赢深度贫困攻坚战冲刺决胜阶段。

2021年2月25日，习近平总书记在全国脱贫攻坚总结表彰大会上宣告我国取得了脱贫攻坚战的全面胜利，完成了消除绝对贫困的艰巨任务。

1.1.2 我国脱贫攻坚成果

2021年2月25日，习近平总书记在全国脱贫攻坚总结表彰大会上向全世界庄严宣告"中国完成消除绝对贫困艰巨任务"，强调"脱贫攻坚伟大斗争，锻造形成了'上下同心、尽锐出战、精准务实、开拓创新、攻坚克难、不负人民'的脱贫攻坚精神"。脱贫攻坚精神，是中国共产党性质宗旨、中国人民意志品质、中华民族精神的生动写照，集中体现了爱国主义、集体主义、社会主义思想，赓续传承了伟大民族精神和时代精神，充分彰显了社会主义制度的优越性。

为打赢脱贫攻坚战，我国投入了巨大的人力、物力和财力资源。在组织保障方面，全面落实脱贫攻坚责任制，按照“中央统筹、省负总责、市县抓落实”的工作机制，实现了省、市、县、乡、村五级书记一起抓扶贫。全国累计选派 25.5 万个驻村工作队、300 多万名县级以上机关和国有企事业单位干部进行驻村帮扶，实现了贫困村的全覆盖，部分县区对脱贫任务较重的非贫困村也选派了第一书记和驻村干部，加上近 200 万名乡镇扶贫干部和数百万名村干部，为打赢脱贫攻坚战提供了坚强组织保障。在资金保障方面，中央财政专项扶贫资金持续增长，2019 年国家拨付了中央财政专项扶贫资金 1 261 亿元，连续 4 年每年净增 200 亿元，加大贫困县涉农资金整合力度，2016 年到 2020 年第三季度 832 个贫困县涉农资金整合规模超 1.5 万亿元，为打赢脱贫攻坚战提供了坚实财力保障。

我国如期完成了新时代脱贫攻坚目标任务，年均减贫人数超过 1 000 万人，累计脱贫近 1 亿人，消除了绝对贫困和区域性整体贫困，现行标准下 9 899 万农村贫困人口全部脱贫（表 1－2），832 个贫困县全部摘帽，12.8 万个贫困村全部出列，并且提前 10 年实现了联合国《2030 年可持续发展议程》的减贫目标，人均可支配收入显著增长，贫困地区的农村居民人均收入由 2013 年的6 079 元提高到 2020 年的 12 588 元（表 1－3），增长 90%以上，全面实现了“两不愁三保障”，增强了人民群众获得感、幸福感、安全感，扩大和巩固了中国共产党长期执政基础，具有重要的时代和历史意义。取得如此成就是高速经济增长和扶贫开发共同作用的结果，其中的制度优势是大规模减贫的坚实基础和根本保障，持续的高速经济增长提供了就业增收机会和进行扶贫的物质保障，最终开辟了一条具有中国特色的扶贫开发道路。目前，无论按照国际标准还是我国现行标准，我国都已取得了脱贫攻坚的全面胜利，为世界反贫困事业做出了彪炳史册的贡献。

表 1－2　1978—2020 年我国农村贫困人口和贫困发生率

单位：万人，%

年份	1978 年标准		2008 年标准		2010 年标准	
	贫困人口	贫困发生率	贫困人口	贫困发生率	贫困人口	贫困发生率
1978	25 000	30.7			77 039	97.5
1980	22 000	26.8			76 542	96.2
1981	15 200	18.5				
1982	14 500	17.5				
1983	13 500	16.2				

（续）

年份	1978年标准		2008年标准		2010年标准	
	贫困人口	贫困发生率	贫困人口	贫困发生率	贫困人口	贫困发生率
1984	12 800	15.1				
1985	12 500	14.8			66 101	78.3
1986	13 100	15.5				
1987	12 200	14.3				
1988	9 600	11.1				
1989	10 200	11.6				
1990	8 500	9.4			65 849	73.5
1991	9 400	10.4				
1992	8 000	8.8				
1993	7 500	8.2				
1994	7 000	7.7				
1995	6 540	7.1			55 463	60.5
1996	5 800	6.3				
1997	4 962	5.4				
1998	4 210	4.6				
1999	3 412	3.7				
2000	3 209	3.5	9 422	10.2	46 224	49.8
2001	2 927	3.2	9 029	9.8		
2002	2 820	3.0	8 645	9.2		
2003	2 900	3.1	8 517	9.1		
2004	2 610	2.8	7 587	8.1		
2005	2 365	2.5	6 432	6.8	28 662	17.2
2006	2 148	2.3	5 698	6.0		
2007	1 479	1.6	4 320	4.6		
2008			4 007	4.2		
2009			3 597	3.8		
2010			2 688	2.8	16 567	17.2
2011					12 238	12.7
2012					9 899	10.2
2013					8 249	8.5

（续）

年份	1978 年标准		2008 年标准		2010 年标准	
	贫困人口	贫困发生率	贫困人口	贫困发生率	贫困人口	贫困发生率
2014					7 017	7.2
2015					5 575	5.7
2016					4 335	4.5
2017					3 046	3.1
2018					1 660	1.7
2019					551	0.6
2020					0	0

资料来源：国家统计局住户调查办公室．中国农村贫困监测报告 2020［M］．北京：中国统计出版社，2020。

表 1－3　2013—2020 年贫困地区农村居民人均可支配收入变化

单位：元，%

年份	人均可支配收入	名义增长率	实际增长率
2013	6 079	—	—
2014	6 852	12.7	10.7
2015	7 653	11.7	10.3
2016	8 452	10.4	8.4
2017	9 377	10.5	9.1
2018	10 371	10.6	8.3
2019	11 567	11.5	8.0
2020	12 588	8.8	5.6

资料来源：国家统计局住户调查办公室．中国农村贫困监测报告 2020［M］．北京：中国统计出版社，2020。

1.1.3　我国返贫问题现状

返贫时有发生，致贫风险长期存在。在脱贫攻坚中，我国返贫人数逐年下降，但返贫还是时有发生，2016 年返贫人口为 68.4 万人，2017 年为 20.8 万人，2018 年为 5.8 万人，2019 年为 5 400 人。返贫具有一定的区域集中性，主要集中在一些自然条件恶劣、生态环境脆弱、基础设施落后和生产生活条件难以改善的地区，中西部地区也一直是防返贫的主战场。收入不稳定、发展能力不足、因老因病因残等内部风险因素与自然资源匮乏等外部风险因素都会引起致贫，致贫风险长期存在。据国家乡村振兴局数据显示，2019 年年底全国脱贫不稳定人口近 200 万人、边缘易致贫人口近 300 万人；2020 年受疫情影响，容易返贫的脱贫户和容易致贫的边缘户两类人增加了 50 万人。

党和国家高度重视巩固拓展脱贫攻坚成果。2019 年 10 月 28 日，党的十九届四中全会要求“坚决打赢脱贫攻坚战，巩固脱贫攻坚成果，建立解决相对贫困的长效机制”。

习近平总书记多次强调，对易返贫致贫人口要加强监测，做到早发现、早干预、早帮扶。2020 年 3 月 20 日，国务院扶贫开发领导小组印发《国务院扶贫开发领导小组关于建立防止返贫监测和帮扶机制的指导意见》，强调“必须把防止返贫摆到更加重要的位置”，要求建立防止返贫监测和帮扶机制。

2020 年 10 月 26 日，党的十九届五中全会又将“脱贫攻坚成果巩固拓展，乡村振兴战略全面推进”纳入“十四五”经济社会发展主要目标，提出“实现巩固拓展脱贫攻坚成果同乡村振兴有效衔接”的要求。脱贫攻坚成果来之不易，巩固拓展脱贫攻坚成果，有两层含义：“巩固”重在强调脱贫攻坚成果的可持续和稳定性，做到不返贫不致贫；“拓展”重在强调对脱贫攻坚成果的不断发展，坚持提质增效。目前，已经彻底解决了现行标准下的绝对贫困问题，未来的工作重心将在巩固拓展脱贫攻坚成果的基础上，缓解相对贫困，实施乡村振兴战略（汪三贵 等，2019）。

2020 年 12 月 16 日，中共中央、国务院印发的《关于实现巩固拓展脱贫攻坚成果同乡村振兴有效衔接的意见》中明确提出，脱贫攻坚目标任务完成后，设立 5 年过渡期，严格落实“四个不摘”要求，摘帽不摘责任，摘帽不摘政策，摘帽不摘帮扶，摘帽不摘监管。健全防止返贫动态监测和帮扶机制，对易返贫致贫人口及时发现、及时帮扶，及时有效防范和化解返贫风险，确保贫困人口动态清零，坚决守住防止规模性返贫底线。抓紧补弱项、缩差距、提质量，进一步提高脱贫地区的发展能力，推进脱贫地区群众实现更宽领域、更高层次的发展。

2021 年 4 月，农业农村部等 10 部门印发了《关于推动脱贫地区特色产业可持续发展的指导意见》，明确把产业发展作为防止返贫动态监测重要内容，从技术援助、市场服务、保险减损、金融风险化解、绿色发展等方面，完善防范和处置风险的具体措施。对因自然灾害、价格波动、产品滞销等出现产业发展困难的脱贫不稳定户、边缘易致贫户，及时开展针对性帮扶。

2021 年 5 月，中央农村工作领导小组出台《关于健全防止返贫动态监测和帮扶机制的指导意见》，对防止返贫动态监测帮扶工作细化了具体要求。明确以家庭为单位，监测脱贫不稳定户、边缘易致贫户，以及因病因灾因意外事故等刚性支出较大或收入大幅缩减导致基本生活出现严重困难户，重点监测其收入支出状况、“两不愁三保障”及饮水安全状况等。要求各地将预防性措施和事后帮扶相结合，按照缺什么补什么的原则，开展针对性帮扶。

2022年年初，国家乡村振兴局起草印发《国家乡村振兴局健全防止返贫动态监测和帮扶机制工作指南（试行）》，进一步明确有关概念和标准，对监测识别、精准帮扶和风险消除等工作要求进行细化完善。部署开展防止返贫集中排查，全面识别新增监测对象，确保“应纳尽纳、应扶尽扶”。

1.2 问题的提出

贫困是一个普遍存在的全球性挑战，反贫困是全人类共同面临的重要任务。自党的十八大习近平总书记提出了“精准扶贫”的战略思想以来，在党中央的全面领导下，我国扶贫取得举世瞩目的成就。2021年2月25日，习近平在全国脱贫攻坚总结表彰大会上庄严宣告，现行标准下9 899万农村贫困人口全部脱贫，832个贫困县全部摘帽，12.8万个贫困村全部出列，区域性整体贫困得到解决，完成了消除绝对贫困的艰巨任务，我国脱贫攻坚战取得了全面胜利。在如此短的时间内取得如此显著的减贫成就，中国创造了世界减贫史上的奇迹，直接推进了世界减贫进程，为世界减贫事业做出了巨大贡献。成绩固然可喜，但风险仍不容忽视：一些脱贫人口由于灾害、疾病等原因再次返贫的现象依旧存在。习近平总书记在全国脱贫攻坚总结表彰大会上指出脱贫摘帽不是终点，而是新生活、新奋斗的起点，强调让脱贫基础更加稳固、成效更可持续，对易返贫致贫人口要加强监测，做到早发现、早干预、早帮扶。因而，在2020年我国脱贫攻坚工作迎来收官之后，如何构建长效脱贫机制、识别返贫风险、阻断返贫发生将会成为后脱贫时代需要解决的重要问题。

集中连片特困地区指因自然、历史、民族、宗教、政治、社会等原因，一般经济增长不能带动，常规扶贫手段难以奏效，扶贫开发周期性较长的集中连片贫困地区和特殊困难贫困地区（唐勇 等，2013），基本覆盖了全国绝大部分贫困地区和深度贫困人口。2011年12月，国务院在《中国农村扶贫开发纲要（2011—2020年）》中对我国的扶贫开发下达了明确指令，要求将西藏、四省藏区（四川、云南、甘肃、青海）、新疆南疆三地州、六盘山区、秦巴山区、武陵山区、乌蒙山区、滇桂黔石漠化区、滇西边境山区、大兴安岭南麓山区、燕山-太行山区、吕梁山区、大别山区、罗霄山区等14个集中连片特困地区作为2011—2020年扶贫攻坚的主战场。14个集中连片特困地区中，有11个位于少数民族地区，8个属于革命老区，3个地处边境地区，频繁的自然灾害和脆弱的生态环境致使这些地区成为我国过去贫困人口最多、贫困程度最深、贫困面积最广的区域，这些区域与我国森林旅游资源丰富的地区在地理空间上高度重合，其中云南省贫困地区与森林旅游资源富集地区重合度高达80%以上。近年来，中国加大对天然林保护政策的实施，全面停止天然林商业性采伐，并扩大退耕还林还草规模，森林资源持续增长，全国森林覆盖率由21.66%提高到23.04%。天然林保护工作的推进对周边农户家庭的传统生产活动形成约束，使其收入水平受到影响，农户家庭开始寻找新的生计方式带动收入增长。森林旅游是以森林、湿地、荒漠和野生动物资源及其外部物质环境为依托所开展的游览观光、休闲度假、文化教育等旅游活动的统称（兰思仁 等，2014）。森林旅游作为新兴的绿色富民产业，是提高自然生态资源综合利用水平的重要途径，也是推动生态文明建设、助推乡村振兴的重要手段，已经成为农户家庭的生计选择之一（柯水发 等，2018）。中国森林旅游发展起步于20世纪80年代，经过30多年的发展，森林旅游产业规模不断扩大，成为新兴消费热点，2019年中国森林旅游游客总量达到18亿人次，创造社会综合产值1.75万亿元，占国内旅游人数的比例达到30%，森林旅游在带动区域经济发展的同时也逐渐成为森林旅游目的地周边农户家庭增收的重要途径（于开锋 等，2007；邹芳芳 等，2020）。

云南省集中连片特困地区包括了边疆、民族、山区、贫困，涉及乌蒙山区、滇桂黔石漠化区、滇西边境山区、四省藏区4个连片特困地区，共85个贫困县（市、区），国土面积占云南省总面积的78.37%（董晓波，2018）。这些贫困县境内的大多数地区致贫原因复杂，产业发展基础薄弱，对地区经济发展的带动能力较弱，经过脱贫后存在一定的返贫风险。同时，这些地区大多生态环境良好，森林覆盖率高，截至2019年年底，全省已建立32个国家森林公园和21个国家级自然保护区，其中有20个国家森林公园和18个国家级自然保护区都位于集中连片特困地区境内，具有发展森林旅游的天然优势和基础，也开发了不少森林旅游景区，这些森林旅游景区多与贫困农户生活区相重合。森林旅游的发展给社区农户带来了新的生计方式，为贫困农户脱贫增加了新的途径，但是旅游业具有脆弱性，政策、市场、环境等因素的变化都可能对森林旅游产业的发展产生负面影响，进而导致周边农户面临返贫风险。森林旅游产业作为一种外力进入乡村社区，不可避免地对农村、农业及农户产生综合影响，农户作为乡村社区最基本的社会单元，是森林旅游产业影响的直接承担者，森林旅游产业推动着农户生计方式的重构和变迁，农户可以通过自营和在旅游企业打工等方式参与森林旅游经营获得收益，但是其中有一部分农户将旅游生计取代传统生计，将参与森林旅游经营视作生计手段甚至是唯一的生计手段，在这种情况下，一旦森林旅游产业发生波动，这些农户将更容易受到影响。森林旅游产业的发展给不同生计方式农户带来了不同程度的影响，导致其面临的返贫风险可能也会有所不同，本书聚焦森林旅游目的地的返贫现象，从可持续生计视角分析参与森林旅游是否会影响及如何影响农户返贫风险对切断返贫路径、预见性的阻断返贫现象发生，具有重要的现实意义。

通过研究云南省集中连片特困地区森林旅游发展在助力农户增收方面发挥的作用并探究其作用路径以明确森林旅游扶贫的效果，找出森林旅游发展过程中存在的问题，探究云南省集中连片特困地区发展森林旅游的潜力，可以为更好地发挥森林旅游的作用、助推乡村振兴提供决策参考。同时，聚焦返贫问题，基于现阶段森林旅游目的地社区农户的现状和特点，识别返贫风险、积极构建返贫阻断机制也是稳固当前已有扶贫成果、稳步推进农村向前发展的必然要求。

1.3 研究目的

评估云南省集中连片特困地区森林旅游发展对周边社区农户收入的影响、探究其作用路径、比较不同发展模式的增收效应的差异，以了解森林旅游目的地森林旅游发展给农户带来的收入变化的程度及森林旅游发展过程中存在的问题，以此明确森林旅游发展带来的扶贫效果，提出森林旅游扶贫效果提升的对策建议，并且通过洞察森林旅游目的地社区农户的生计状况、探究其返贫风险，找到农户返贫风险的主导因素，分析参与森林旅游是否会影响及如何影响农户返贫风险，在此基础上提出相应的返贫阻断机制，为农户的稳定脱贫、生计可持续发展提供一定的借鉴与发展。

1.4 研究意义

1.4.1 理论意义

第一，通过研究农户要素投入在森林旅游影响农户收入中的作用，能够拓展要素配置与农户收入之间的关系研究，帮助厘清森林旅游发展提高农户收入的路径，是对要素配置理论的补充和拓展。

第二，从可持续生计视角对返贫风险问题进行梳理和解释，可以进一步深化精准扶贫理论和丰富反贫困研究理论内涵，为反贫困的实践和政策提供基础性的理论支撑，同时为森林旅游目的地社区农户可持续发展致富提供新的理论指导。

第三，返贫阻断机制研究落实了习近平总书记关于建立健全防止返贫机制的要求，既是对马克思主义反贫困理论的继承和发展，也是对农村贫困治理思想的重要延伸和开拓。

1.4.2 实践意义

第一，厘清森林旅游发展带动周边农户家庭增收的作用路径对于巩固脱贫攻坚成果、推动乡村振兴战略实施具有重要意义。通过研究云南省集中连片特困地区森林旅游发展在助力农户增收方面发挥的作用并探究生产要素配置在其中的中介效应，以明确森林旅游扶贫的效果和作用路径，能够为协调农户家庭要素配置与收入增长之间的关系、推进要素配置优化、更好地发挥森林旅游在助力农户增收方面发挥的作用提供决策参考，对于促进农民增收致富、巩固林业改革成果和促进林草产业转型发展，具有十分重要的作用。

第二，识别返贫风险、积极构建返贫阻断机制是稳固当前已有扶贫成果、稳步推进乡村振兴工作的重要环节，农户返贫风险及阻断机制的研究能为可持续脱贫工作提供更具前瞻性、针对性、有效性的应对策略和路径。通过调研森林旅游目的地社区农户的生计状况、探究其返贫风险，找到农户返贫风险的主导因素，从可持续生计视角分析参与森林旅游是否会影响及如何影响农户返贫风险，在此基础上提出相应的返贫阻断机制，可以为指导政府切断返贫路径、预见性的阻断返贫提供科学参考，在实际工作中抓住参与户和未参与户返贫风险的重点，为农户的稳定脱贫、生计可持续发展提供一定的借鉴与发展。

1.5 研究内容

本书通过对云南省集中连片特困地区案例地农户、政府的实地调研，运用相关方法分析研究森林旅游发展起到的扶贫效应及返贫阻断机制，主要包括以下四个方面内容：一是集中连片特困地区贫困状况及森林旅游发展情况。通过政府访谈及查阅二手资料的方式描述中国贫困状况和集中连片特困地区现状、案例地贫困状况和森林旅游发展现状等。二是森林旅游扶贫效应研究。将农户家庭生产要素配置的中介效应纳入理论框架，构建“森林旅游发展-家庭生产要素配置变动-农户收入变化”的理论分析框架，采用 PSM-DID 和中介效应模型，探讨森林旅游发展给农户带来的增收效应及其作用路径。三是森林旅游目的地社区农户返贫风险评估。运用熵权法测算农户家庭返贫风险大小，运用灰色关联分析法研究农户返贫风险的主导因素，在此基础上研究参与森林旅游如何影响农户返贫风险。四是森林旅游目的地社区农户返贫阻断机制构建。在前人研究成果的基础上，结合森林旅游目的地社区农户返贫风险评估分析结果进行梳理和归纳，总结出森林旅游目的地社区农户的返贫阻断机制。

1.6 研究方法

（1）文献分析法

通过大量阅读国内外研究文献，梳理国内外关于生产要素配置、可持续生计、返贫等的研究进展，掌握其研究方法、研究现状、研究趋势，并进行归纳、总结、分析，对该研究领域形成较为科学的认识，为本书的撰写提供理论支撑与方法储备。

（2）实地调研法

实地调研法主要采用参与式农户评估问卷调查法展开。本书选取森林覆盖率高和自然保护区较为集中的大理白族自治州和昭通市为研究区域进行实地访谈和入户调研。大理白族自治州的调研包含漾濞县、云龙县和南涧县，调研对象为苍山国家级自然保护区、云龙天池国家级自然保护区、无量山国家级自然保护区内及周边行政村的村委会和村民，昭通市的调研包含昭阳区、彝良县和永善县，调查对象为大山包黑颈鹤国家级自然保护区、乌蒙山国家级自然保护区的小草坝省级风景名胜区、马楠苗族彝族乡内及周边行政村的村委会和村民，共搜集到调查问卷 240 份和访谈内容 8 份。通过与当地的政府及村委会人员的访谈，了解案例地旅游扶贫工作开展情况及存在的问题，为研究开展提供了一定的思路。

（3）实证分析法

通过实地走访、问卷调查一手数据，采用 PSM-DID 和中介效应模型，探讨森林旅游发展给自然保护区农户带来的增收效应及其作用路径，并采取熵权法和灰色关联法等相关评价方法，评估农户的返贫风险大小，找到农户返贫风险的主导因素，分析参与森林旅游是否会影响及如何影响农户返贫风险，并进一步提出返贫阻断机制。

1.7 技术路线

本书的技术路线如图 1-1 所示。

提出问题
研究背景
相关研究与理论基础
确定研究目标和研究方案、设计调查问卷
二手资料收集
实地调研
森林旅游扶贫效应研究
森林旅游目的地农户返贫阻断机制研究
分析问题
集中连片特困地区范围及贫困状况
云南省集中连片特困地区范围及贫困状况
云南省集中连片特困地区森林旅游发展状况
森林旅游发展对农户收入变化的影响
方法：双重差分模型
生产要素配置对农户收入变化的中介作用
方法：中介效应模型
森林旅游不同发展模式的增收效应的异质性分析
方法：三重差分模型
可持续生计视角下农户返贫风险评估
方法：熵权法
参与森林旅游是否会影响及如何影响农户返贫风险
方法：灰色关联分析
森林旅游目的地社区农户返贫阻断机制构建
方法：归纳法
解决问题
结论与政策建议

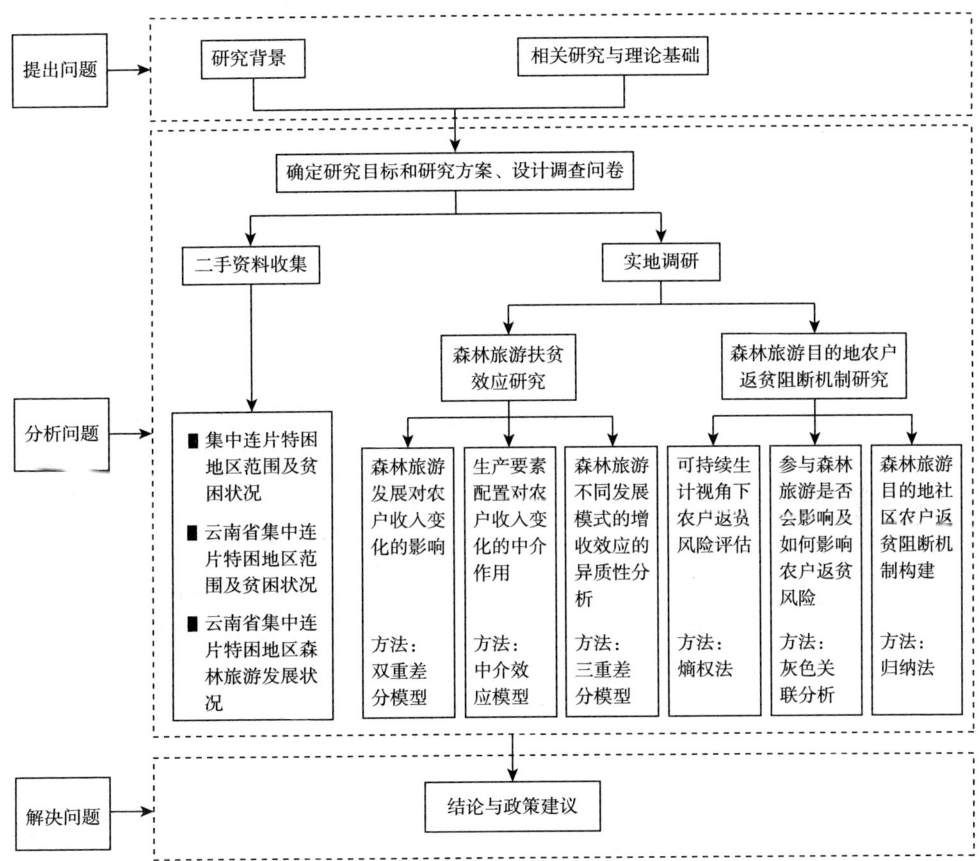

图 1-1　技术路线

2 理论基础与文献综述

2.1 相关概念界定

2.1.1 森林旅游

森林旅游，英文为 Forest Tourism，即森林游憩。关于“森林旅游”的概念有多种说法，Douglass（1982）认为：“所谓森林旅游，就是指在林区内发生的不管活动主要目的如何的任何形式的野游。”同时他还指出：“所开展的森林旅游活动无论是直接还是间接使用了森林资源，都属于森林旅游的范畴。”马建章（1998）认为森林旅游有狭义与广义之分，狭义的森林旅游指人们在闲暇时间以森林为背景而进行的各种旅游活动；而广义的森林旅游指旅游者在森林中进行的各种活动及任何形式的野外游憩。刘华芝（2004）认为森林旅游就是在森林公园、自然保护区和风景名胜区等森林风景区中所进行的旅游活动。房建磊（2020）认为森林旅游是旅游者以非就业为目的，离开惯常居住地到森林环境中或以森林资源为基础的旅游所产生的现象与关系的总和。贾丽娜（2020）定义森林旅游为依托丰富的森林旅游资源既可以满足游客的休闲娱乐需求又不破坏生态环境平衡的新型旅游方式。综合上述观点，可以将“森林旅游”进一步归纳为在一切属于森林旅游资源的区域开展的野游都是森林旅游。

2.1.2 要素配置

要素配置即资源配置，指的是劳动力、资本、土地等生产要素，通过行政机制或市场机制，在要素使用主体（企业、行业或地区）内部的组合，以及在不同要素使用主体之间的分配。通常从两个方面刻画要素配置状况，一方面是从同一要素使用主体内部不同种要素之间的要素组合角度，考察任意两种生产要素的相对投入关系；另一方面是从同一种生产要素在不同要素使用主体之间的要素分配角度，探讨要素在企业、行业或地区之间的分配状况（王必锋，2013）。

2.1.3 返贫

从字面含义分析，“返贫”即贫困人口脱贫之后又再一次陷入贫困。从深层次理解，返贫的本质是一种长期的、动态的贫困。通过查阅相关文献，发现对返贫概念的界定有三种看法：其一，返贫是非贫困人口遭遇某种风险或伤害而陷入贫困境遇；其二，返贫是贫困人口的贫困程度进一步加深；其三，返贫是贫困人口脱贫之后由于某些原因又重新回到贫困的状态，这也是认同度较高的关于返贫含义的理解。而本书对于返贫概念的界定，则是原来已经摆脱贫困的人口现在又重新陷入贫困的一种现象。

2.1.4 可持续生计

生计指建立在能力、资本、活动之上的谋生手段（Chambers 等，1992）。20 世纪 90 年代初，在国际组织反贫困的背景下，可持续生计开始被提及，国际组织将贫困的原因更多地归结于创收能力的低下。1995 年的《哥本哈根宣言》将可持续生计界定为“使人们经过自由的生产就业与工作得到稳定的生活”，强调工作机会对生计的重要性。Scoones（1998）提出“一个完整的生计维持系统应包括能力、资产及维持生活所必需的活动”，可以看出，个体的谋生能力、资本积累、持续的生计策略及稳定的生产生活是可持续生计的要义。生计资本归根结底是农户用以生存和发展的“可行能力”。生计策略则是农户将拥有的生计资本转化为生计结果的过程，它通常指为达到生计目标所进行的活动和做出的选择，包括生产活动、投资策略、再生产选择等。从其定义可以知晓，“农户生计”涵盖了两大方面内容，即农户自身的生计资本禀赋、在生计资本基础上所采取的生计策略。

2.2 理论基础

2.2.1 中国特色反贫困理论

中国特色反贫困理论的直接依据是马克思主义关于贫困产生根源的论述。马克思主义认为，在生产资料私有制的条件下，“工人生产的越多，他能消费的越少；他创造的价值越多，他自己越没价值”，贫困现象也就不可能消失。马克思主张，要消除贫困，“除非在此之前全面变革社会关系、使对立的利益融合、使私有制归于消灭”，在生产资料所有制上实现从私有制到公有制、资本主义到社会主义的跨越。中国特色反贫困理论是对马克思主义贫困治理理论的丰富与发展，系统回答了“为何扶贫”的问题。“中国特色社会主义道路，是实现我国社会主义现代化的必由之路，是创造人民美好生活的必由之路”，必须进一步坚持和完善社会主义基本经济制度，为全国各族人民共同富裕、共享发展成果和消除贫困提供根本制度保证。中国特色社会主义进入新时代，只有“既不断解放和发展社会生产力，又逐步实现全体人民共同富裕、促进人的全面发展”，才能有效解决贫困问题。

新中国成立以来，中国共产党将反贫困作为巩固和发展社会主义制度的重要基础和前提，不断丰富和发展中国特色的扶贫开发理论。毛泽东提出了共同富裕的具体设想，围绕土地和吃饭问题进行了艰苦探索。邓小平丰富了共同富裕的思想，首次提出了制度性贫困及中国反贫困的总体战略。江泽民尤其重视开发式扶贫，扶贫对象由贫困地区向贫困人口的转变。胡锦涛立足科学发展与和谐社会建设，赋予了反贫困新内涵、新路径，描绘了全面建设小康社会的目标。习近平坚持以马克思主义为指导，以自我革命为创造精神，针对当时我国贫困问题的新特征和反贫困中存在的深层次矛盾，强调党的领导、精准方略、社会动员、激发内生动力等基本着力点，拓宽了中国特色扶贫开发道路，丰富和发展了中国特色扶贫开发理论，为全球减贫事业贡献了中国方案和中国智慧。

2.2.2 行为理论

（1）理性行为理论（Theory of Reasoned Action，TRA）

美国学者 Fishbein 等于 1975 年提出的理性行为理论认为，个体动机信息对个体行为具有显著影响，个体选择倾向于利己同时有利于他人的行为方式，该理论的内涵可以由如下方程表达：

$$B \sim I = (A_B)\,\omega_1 + (SN)\,\omega_2 \tag{2-1}$$

式（2-1）中，B 表示在意志控制下的个体行为，I 为个体的行为意向，A_B表示个体的行为态度，SN 表示他人认为个体行为应该遵循的主观行为规范或标准，ω_1 和 ω_2 表示标准化系数。其中，A_B是个体所预期的该行为的结果及对结果的相关评价函数，它可以写成：

$$A_B = \sum_{i=1}^{n} b_i\, e_i \tag{2-2}$$

式（2-2）中，b_i 为个体对行为结果 i 的信念，e_i 表示个体对行为结果 i 的评价即个体视其行为结果为有利或无利。

主观行为规范或标准 SN 具体指个体对其行为所形成的规范性信念及个体服从规范性信念的倾向函数，它可以写成：

$$SN = \sum_{j=1}^{l} NB_j\, MC_j \tag{2-3}$$

式（2-3）中，NB_j 是个体对其行为所形成的规范性信念，即个体认为对其重要的他人或群体 j 认为他/她是否应该采取某种行为；MC_j 表示个体服从

于他人或群体 j 的倾向，l 是个体所考虑到的对其重要的他人或群体数量。

综合上述分析，$\sum_{i=1}^{n} b_i e_i$ 解释个体行为态度 A_B，$\sum_{j=1}^{l} NB_j MC_j$ 解释个体主观行为规范或标准 SN，个体行为态度和个体主观行为规范共同解释了个体行为意向，而个体行为意向决定了个体的行为选择。

理性行为理论集中表达了两个观点：一是个体行为态度和个体主观行为规范是其他变量对其行为产生影响的中间变量；二是行为意向是个体行为态度和个体主观行为规范对行为产生影响的中间变量。理性行为理论适用于行为主体能够用意志控制的行为。如果行为的发生需要资源、技能或者不具有自由实现的机会，此类行为将无法用理性行为理论进行解释和预测。

（2）计划行为理论（Theory of Planned Behavior，TPB）

上述分析说明，在理性行为理论中，行为的发生是在个人意志力控制的范围内进行，但是在多数情况下，个体行为的控制程度往往会受到个人意志力范围之外的因素如时间、资源和外部环境等诸多非意志因素的约束。在不完全由个人意志所控制的行为的前提下，理性行为理论的解释能力就相对较弱。为此，Ajzen 等（1988）提出了计划行为理论。该理论认为：第一，非个人意志完全控制的行为除了受到行为意向的影响，同时受资源、技能或者不具有实现的机会等其他外界因素的影响；第二，较为准确的认知行为控制反映了行为实际控制的状况，为此可用认知行为控制作为行为实际控制状况的代理指标，用于对行为的直接预测，预测的准确性取决于知觉行为控制的真实程度；第三，行为态度、主观规范和直觉行为控制共同决定了个体行为意向，个体行为态度越明确、个体对重要他人所形成的行为规范越认可及个体知觉行为控制越强，行为意向就越强，从事相应行为的可能性就会越大，反之从事相应行为的可能性就会越小；第四，个体行为态度、主观行为规范和行为控制相互影响。该理论的表达式可写成：

$$B \sim I = (A_B)\,\omega_1 + (SN)\,\omega_2 + PBC\,\omega_3 \tag{2-4}$$

$$PBC = \sum_{k=1}^{m} C_k P_k \tag{2-5}$$

式（2－4）和式（2－5）中，A_B、ω_1、SN、ω_2 与理性行为理论中相同，PBC 表示知觉行为控制，ω_3 表示对应的标准化系数。知觉行为控制是个体感知到的执行某种行为的难易程度，它是个体对阻碍或促进行为执行的各种因素进行感知并加以评价后的结果。知觉行为控制的组成要素可参照态度的期望价值理论类推，它由控制信念和知觉强度组成。控制信念即个体所能知觉到的促进或阻碍行为实现的因素，用 C 表示；知觉强度即控制信念对行为实现的影响程度，用 P 表示。

TPB 理论较 TRA 理论对于现实世界中的个体行为具有更强的解释力，行为本身会受到行为态度和行为规范的影响，但是个人行为不完全取决于个体行为态度和行为规范，它同时受到外界资源条件的约束。TPB 理论适用于解释森林旅游发展对农户的影响。森林旅游发展首先会影响农户认知，根据农户行为理论，农户行为态度是农户对自身行为进行评价的结果，农户会基于自身所具备的常识对发展森林旅游的利弊进行评估，这种常识显然与农户所具有的相关知识、教育水平和生活阅历有关；同时主观行为规范也会影响个体行为态度，农户对森林旅游的认知会受到对其有重要影响的农户或群体态度的影响；农户认知同时受到外界条件所决定的个体行为控制的影响，森林旅游的发展是外界条件的重要组成部分，农户深入了解森林旅游的发展方式提供了激励并且创造了条件，因此森林旅游发展势必影响农户认知，农户所有的生产技能、所处的地理位置也会通过影响其行为控制进而影响其相关认知。依据 TPB 理论，农户行为认知会影响农户的行为意向，进而会对农户行为产生影响。森林旅游发展会通过影响农户认知，进一步影响农户关于发展森林旅游项目的行为意向，最终影响农户行为；同理，外界条件所决定的行为控制变量，诸如农户所具有的生产技能、农户所处地理位置及相关政策除与农户认知相关外，也会影响农户发展森林旅游项目的选择行为（朱长宁，2014）。

2.2.3 生产要素理论

生产要素理论是经济学的主要理论，也是技术经济学的基本理论。生产要素理论从产生到现在，一共经历了以下几个主要学派。

（1）生产要素二元论

经济学家 Petty（1662）在其经济著作选集《赋税论》中提出："土地为财富之母，而劳动则为财富之父和能动的要素"。虽然他没有明确提出"生产要素二元论"，但实际上他已经将土地和劳动作为生产的两个要素。其后，出生于爱尔兰的法国经济学家 Cantillon（1755）追随了 Petty 的"生产要素二元论"，他在其著作《商业性质概论》开头的第一句话就提出"土地是所有财富由以产生的源泉或质料。人的劳动是生产它的形式：财富自身不是别的，只是维持生活、方便生活和使生活富裕的资料"。上面两位学者实际上并没有真正提出生产要素二元论，后人根据对生产要素的理解，认为他们已经持有生产要素二元论了。实际上，真正持有二元论的较著名的人物是奥地利经济学家 Böhm-Bawerk。他否认资本是可以与劳动和自然并立的独立的第三种生产要素，他在其著作《资本实证论》中写道："资本本身的起源、存在和以后的作用，也不外乎是生产的真正要素-自然和劳动-连续活动中的一些阶段。”

(2) 生产要素三元论

Say在1803年出版了著作《政治经济学概论》，在这本书中指出“事实已经证明，所生产出来的价值，都是归因于劳动、资本和自然力这三者的作用和协力，其中以能耕种的土地为最重要因素但不是唯一因素。除这些外，没有其他因素能生产价值或能扩大人类的财富。”因此，Say把土地、劳动和资本归结为生产的三个要素。在Say的生产要素三元论里，劳动创造了工资，资本创造了利息，土地（自然力）创造了地租。Say之后的西方经济学家大都接受了他提出的生产要素三元论，但英国的经济学家Senior（1836）则提出了与Say有所不同的三个生产要素。Senior在其著作《政治经济学大纲》中论述生产的手段时指出“生产的主要手段是劳动和不借助于人力的、由自然予以协助的那些要素”。在这句话中所说的要素就是劳动和自然要素。此外，Senior还在《政治经济学大纲》中写到“虽然人类的劳动和跟人力无关的自然要素是主要的生产力量，但是要使两者得以充分发挥作用，同时还得有一个第三生产要素……我们把没有它则其他两者就无能为力的这个第三要素或生产手段叫作节制”。19世纪中叶英国影响最大的经济学家Mill也继承了Say的观点，也把生产要素归结为土地、劳动和资本，只是他比前人更详尽地、在更一般的形式上讨论了各种生产要素存在的方式、性质和条件。

(3) 生产要素四元论

19世纪末20世纪初西方最著名的经济学家当属英国“剑桥学派”创始人Marshall，他的《经济学原理》在1890年出版后，曾被西方经济学界看作是划时代的著作。他在这本书的第四篇里专门论述了生产要素，指出“生产要素通常分为土地、劳动和资本与组织四类。土地是大自然为了帮助人类，在陆地、海上、空气、光和热各方面所赠予的物质和力量。劳动是人类的经济工作——不论是用手的还是用脑的。资本是为了生产物质货物和为了获取通常被算作收入一部分的利益而储备的一切设备。组织是将前三种要素组合使用的途径”。

(4) 生产要素六元论

生产要素理论是中国技术经济学的基本理论之一。中国学者徐守波在20世纪60年代首次提出了劳动力、投资、物质和资源的四个生产要素。在20世纪80年代，人们首先提出必须为劳动和生产提供六种条件或六种力量。六个条件指劳动者、劳动力、劳动对象、劳动环境、劳动空间和劳动时间，六种力量指人力、财力、物质资源、自然力量、能力和时间。六种力量实质上就是六个生产要素。从以上可以看出，无论生产要素理论如何变化和发展，土地一般都被视为生产要素之一（孙玉甫 等，2009）。

2.2.4 贫困恶性循环理论

20世纪40年代末到60年代中期，爆发了关于贫困陷阱理论的第一次大讨论，代表人物有美国哥伦比亚大学教授Nurkse（1953）的“贫困恶性循环”理论、美国经济学家Nelson“低水平均衡陷阱”理论和Myrdal的“循环积累因果关系”理论。

“贫困恶性循环理论”是美籍爱沙尼亚经济学家、哥伦比亚大学教授Nurkse于1953年在其著作《不发达国家资本的形成》一书中提出的。根据他对发展中国家长期贫困根源的考察，认为发展中国家长期存在贫困的原因，是由若干个相互联系和相互作用的“恶性循环系列”造成的，随后他从资本供给和需求的角度分析了“贫困的恶性循环”。供给一方，由于经济不发达，存在着“人均收入低—积储水平低—低资本产生—劳动生产率低—产出低—收入低”的不良循环。需求一方，因经济后进，存在“人均收入低—购买力低—投资引诱低—低资本产生—生产率低—产出低—收入低”的不良循环。他认为由于发展中国家资本稀缺导致其人均收入过低，而人均收入过低导致无法创造经济发展所需的储蓄，没有储蓄就没有投资和资本形成，又加重资本稀缺，从而又导致该国的低收入和持久贫穷。他提出，一个国家之所以存在长期贫困，不是因为国内资源不足，而是因为这个国家的经济存在着一个相互作用，并使穷国维持贫困状态的“多种力量的循环聚集”，即贫困的恶性循环。贫困恶性循环理论对贫困人群的发展远景持悲观态度，贫困者深处越陷越深的境况。

Nelson的“低水平均衡陷阱”理论，该理论把贫困看作是一种自我维系的循环过程，与“贫困的恶性循环”理论比较相似。他认为在不发达国家存在一个“低水平均衡陷阱”，在这个陷阱中，任何超过最低水平的人均国民收入的增长都将被人口增长所抵消，因此，要想冲出这个陷阱，发展中国家必须进行大规模的资本投资，使投资和产出的增长超过人口增长。

Myrdal的“循环积累因果关系”探讨了阻碍经济发展的各种制度性因素，他认为社会、经济和制度现象具有内在依赖性，经济发展是由社会、政治、文化、经济、制度等多因素决定的，这些因素相互影响、互为因果，会呈现出“循环积累”的发展态势。

从上述三种理论可以看出，Nurkse和Nelson的理论都把持续性贫困归咎于经济欠发展，强调贫困的存在是因为资本投资的缺乏，过分强调储蓄作用和资本积累的重要性，具有片面性，不能很好解释贫困的成因，而 Myrdal 的“循环积累因果关系”理论从社会、政治、文化、经济、制度等多因素全面分析产生贫困的原因，更具有说服力，可以用该理论来解释中国农村的贫困问题。

2.2.5 可持续生计理论

最早对可持续生计的研究源自发展生计与解决贫困的需要。关于贫困问题，较早的研究主要关注因低收入而引起的贫困现象，伴随对贫困问题认识的逐步深刻，可持续生计理论应时而生。20 世纪 80 年代末，世界环境和发展委员会的报告中最早出现此概念，之后该概念被纳入行动议程并被当作解决贫困的关键目标。

可持续生计理论旨在分析社会、物质环境二者间的关系，是探究贫困原因并找出解决办法的一种分析框架和建设性工具，具有开放性。可持续生计理论将各种和贫困有关的要素与不可持续的生产方式纳入考虑，为解决贫困问题提供了一种更加清晰且综合全面的方法。伴随理论提出的各种可持续生计分析框架则将贫困人口生计的理解和关注引入更为微观的视阈。其中，由英国国际发展部建立的可持续生计分析框架是认可度最高的评估框架之一。该方法最初是为了解决贫困问题，后来逐渐发展成为研究社区和个人提高生计的重要方法。该框架将农户看作是在一定脆弱性背景下，对其所拥有的生计资本进行组合从而追求有利的生计结果。框架包含脆弱性背景、生计资本、结构和过程转变、生计策略、生计结果等五个部分。注重以人为中心，强调居民自身参与，即在政策和外部环境对当地旅游的影响下，居民如何利用生计资本、采用不同的生计策略，产生了不同的结果，进而改变了居民的生计能力。可持续生计分析框架全面解释了五个要素之间的相互关系，着重强调了生计构成和过程，为规范化、系统化的研究可持续生计问题奠定了基础，整个框架可以用图 2－1 示意。

由图 2－1 可以看出，可持续分析框架的五个部分以复杂的方式互相作用，箭头代表一个组成影响另一个组成，不表示从属关系或因果关系。这些关系主要表现为：在脆弱性背景下的冲击、趋势及季节性既可以创造资本又可以毁坏资本；政府机构投资于基础设施建设（物质资本）、技术革新（人力资本）及制度的建设（社会资本）也是创造资本的过程；政策和制度也能在一定程度上调节对资源的拥有和响应的程度，以及对不同生计策略的反馈程度；拥有较多资本的人们往往拥有更多的选择权，并有能力运用一些政策措施确保他们的生计安全；人们取得幸福的能力在很大程度上取决于他们对资产的拥有，不同的

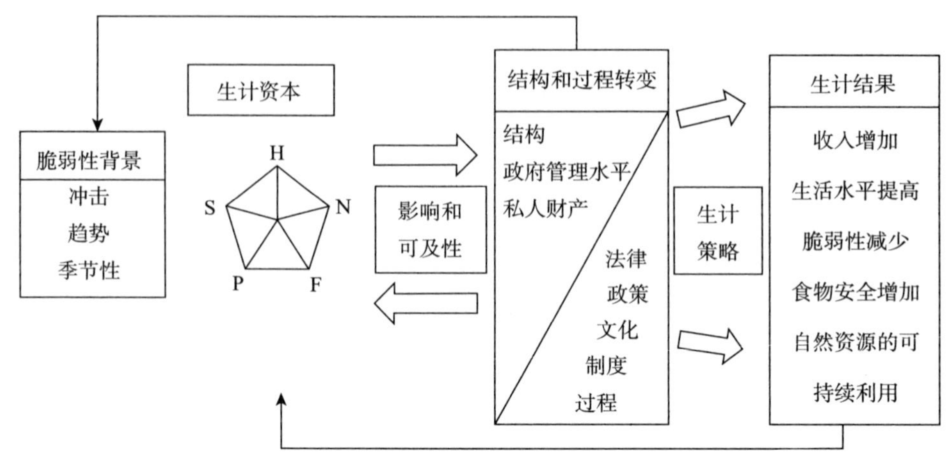

图 2-1　可持续生计分析框架示意

资产组合可以达到不同的生计结果（苏芳 等，2009）。

（1）脆弱性背景

在可持续生计分析框架中调查和处理脆弱性是非常必要的。可持续生计分析对社会可持续性的定义与减少脆弱性的概念有密切联系。为了达到长远维持生计的可持续社会发展目标，必须对脆弱性有透彻的理解。脆弱性是一种承受灾害和损失的潜能，涉及承受、应付、抵抗灾难，以及从这些影响中得以恢复的能力。无论是脆弱性本身或是它的对立面，其弹性都是受到物质、环境、社会、经济、政治和文化等因素的影响。人们往往在脆弱的环境下去追求他们的生计，这种环境包括：第一是冲击，比如突然的自然灾害（如旱灾、洪水）、经济萧条（如失业率的上升、价格突然的变动）、人类健康受到威胁（如流行病、饥荒）、庄稼的歉收及牲畜的病害，以及其他的社会和技术的重大变革（如机械化的引入），它们直接影响着生计资本；第二是趋势，如人口、资源、政治、经济、市场所表现出来的发展趋势；第三是季节性，如周期性的价格变动和生产就业的波动。

（2）生计资本

生计资本位于可持续生计分析框架的核心位置，在可持续生计分析框架中生计资本包括五个部分即自然资本、物质资本、金融资本、人力资本和社会资本。在不同的条件下，五种生计资本可以相互转化。农户生计资产的组成可以用五边形来表示，五边形的中心代表不拥有（或零拥有）价值，而外部边界代表拥有最大化的价值。

自然资本：农户用来保证生活的自然资源，如土地、动植物资源等。这种自然资本又可分为无形的公共资本（大气、生物多样性）、有形可分的直接用于生产的资本（土地、树木等），这种自然资本与脆弱性背景联系最为密切。对于以农业生产为主要生计活动的农户，对自然资本的依赖程度较高。一个地方自然资源基础的贫富决定了人们面临的风险和不确定性。很多毁坏穷人生计的冲击本身就是削减自然资本的过程（如火灾毁坏森林、洪水和地震破坏土壤），同时季节性多源于长期自然资本生产力或价值的一种改变。

物质资本：指人们通过自己的劳动所创造的资本，如房屋、生产工具等，它包括用以维持生计的基本生产资料和基础设施，其意义在于提高贫困人口的生产力。生产资料指人们为了提高生产效率所使用的设施，往往通过租赁或有偿服务市场被个人或集体所拥有。基础设施一般指无偿使用的公共物品，用于维持生计和提高生产力。

金融资本：在消费和生产过程中人们为了取得生计目标所需要的积累及流动，代表拥有的储蓄和获得的贷款及借款。这里主要指金钱，但往往其他的实物也能起到钱的积累和交换作用。可以看出，这里的定义并不仅仅是经济学上的范畴，原因在于它包括流量和存量两个部分，并有助于生产和消费。这种资本一般来源于两类：一类是现有的存量如储蓄，另一类是定期的资金流入如抚恤金。

人力资本：代表人们所拥有的知识储备、健康状况和劳动能力等，它们能够使人们去追求不同的生计手段并取得相应的生计目标。在家庭层面上，这种人力资本水平取决于家庭劳动力的人数、家庭规模、技能水平及健康状况等因素。人力资本的内在价值在于它能更好地利用其他 4 种生计资本，从而取得积极的生计结果，因此它是最为基础的生计资本。

社会资本：在可持续生计背景之下意味着人们在追求生计目标的过程中所利用的社会资源，如社会关系、社会组织等。社会资本的作用是增强人们的相互信任和相互之间的合作能力，并使其他机构对他们的需求给予更及时的反应。

（3）结构和过程转变

在可持续生计中，结构和过程的转变指形成生计的组织机构及相应的政策制度的一种完善。这些结构和政策包括从个人和家庭到集体和公共领域的各个层面，它们有效地决定着不同种类资本的拥有与相互转换、给定资本战略的实施和反馈等。

（4）生计策略

生计策略是人们为了实现他们的生计目标而进行的活动和选择的范围与组合。Scoones（1998）认为，实现不同的生计策略依赖于个人的能力、个人拥有的生计资本。生计策略是通过一系列的生计活动来实现的。可持续生计的选择取决于许多因素，特别是人们的资产状况，以及政策、体制和过程所设置的制约或提供的机会。在不同的资产状况下，生计活动呈现出多样性，并且生计策略也会有很大的不同。Scoones 把生计策略分为三种类型：一是农业生产的集约化或粗放化；二是生计多样化；三是人员向外流动。农业生产的集约化或粗放化的核心是土地，是以维持和增加农业生产的恢复力为策略。土地问题在农业人口的生计策略中居于重要地位，农业人口的生计以土地等自然资源的利用为基础，其生计策略包括采集野生自然物品、作物种植和养殖牲畜。与此相对应的是建立在非自然资源基础上的生计活动，如农业生产资料、农产品和消费品贸易、农村服务业和农村加工制造业。无论是在有限的土地上进行集约化生产，还是扩大土地面积来简单维持农业生产都建立在上述生计活动和策略的基础上。生计多样化关注非农就业和收入创造途径的多元化。Scoones 认为，穷人的生计多样化是为了应对危机，而富人的生计多样化是为了实现财富的积累。对于贫困人口来说，生计多样化有助于通过多种谋生手段避免因生计资本单一导致生计风险，从而降低其脆弱性。

在考虑制定农户生计策略时，需要考虑脆弱性环境/背景的影响，以及制度和组织外部环境的影响。农户生计策略是动态的，并随着外界环境条件的变化而调整、改变着对资产利用的配置和经营活动种类、比例的构成。在不同的资产状况下，生计活动呈现多样性，并且相互结合起来呈现出不同的生计策略。如在落后偏远的农村贫困地区，农户更多地依赖自然资源为基础的生产来维持生计，但是往往依靠自然资源生产出的产品并不足以维持生计，就会采用其他的行动来维持生计，如受雇于他人、进城务工等。采取生计策略是为了赢得更多的收入、促进福利的增加、脆弱性的减少及自然资源的可持续使用，这些结果在家庭和区域范围内都有其不同的表现。

（5）生计结果

生计结果是生计策略或目标的实现或结果。英国国际发展部的可持续性生计分析框架里列举了五种可能的生计成果类型，即更多的收入、福利的提升、降低了脆弱性、提高了食物安全和更可持续地利用自然资源。

为解决贫困问题，可持续生计理论提供了一种清晰且全面的方法，将可持续生计理论引入我国后扶贫时代的返贫治理中，有利于提高脱贫人群的可持续生计能力，解决当前脱贫不稳定、可能返贫的困境。

2.3 文献综述

2.3.1 集中连片特困地区扶贫研究

（1）国外研究回顾

国外对于贫困问题关注度比较高，但对于“集中连片特困地区”研究目前还比较少，大多是对“一般贫困地区”的研究。学者们以不同的研究视角和研究层面提出较多的相关研究理论，主要集中在以下三个方面：一是关于贫困定义方面的研究。学者 Rowntree（1902）认为：“当一个家庭总的收入无法正常维护家庭人口生存需要时，那么该家庭处于贫困状态。”Townsend（1979）指出，“贫困就是所有居民无法正常获得各种食物，并且也不具备参加各种社会活动的条件。”Sen 等（1997）认为：贫困意味着贫困人口缺少获取和享有正常生活的能力，贫困的真正含义是贫困人口创造收入能力和机会的贫困。二是关于对贫困原因的研究。Nurkse（1953）认为，发展中国家贫困问题的存在，主要是源于这些国家的经济发展中存在着非常多的“恶性循环系列”，它们是互相联系、互相作用的。Malthus（1978）主要是从人口的增长与粮食的生产之间的关系着手研究，并提出了著名的“两个级数”论断，认为贫困问题的产生与人口增长速度过快之间存在着必然的联系。Sen 等（1997）指出，造成贫困人口陷入贫困的原因是他们丧失获取收入的能力和就业机会，低收入是导致贫困人口获取收入能力丧失的一个重要因素，而疾病、人力资本不足、社会保障系统的软弱无力和社会歧视也是造成贫困人口收入能力丧失的不可忽视的因素。三是关于扶贫策略的研究。Schultz（1961）认为，实施最低的工资保障与农产品价格是解决贫困问题的关键，同时应该对贫困人口加大公共投资力度。Gaiha（2000）提出，政府可以通过推行最低工资保障、提高基层信贷的干预强度、加强农村公共工程建设及实施保险计划来进行反贫困。

（2）国内研究回顾

国内对于集中连片特困地区扶贫的研究主要包括贫困原因、扶贫机制和模式研究、扶贫措施与对策研究三个方面的内容。

现有文献主要从农户自身角度、自然地理环境角度和产业发展角度等分析了集中连片特困地区的贫困原因。陈琦（2012）根据武陵山片区扶贫开发进展情况，指出该片区致贫的最重要原因是人力资本匮乏。徐孝勇等（2017）基于全国 680 个特困区所辖县级行政区的统计数据的基础上，分析认为自我发展能力是主要贫困成因。李仙娥（2013）等以秦巴集中连片特困地区为研究对象，分析区域贫困特征集中表现为生态环境恶化与贫困深化共生共存。刘七军等（2016）提出，集中连片特困地区精准扶贫最大的障碍是贫困农户缺乏学习提升等能力。陈赤平等（2013）对参与式整村推进扶贫模式绩效、易地搬迁模式绩效、劳动力转移培训扶贫模式绩效及产业化扶贫绩效进行了分析。曾永明（2011）利用地理信息科学空间分析技术和模型软件对四川的贫困现象进行研究，并发现自然条件是导致县域贫困的主要原因，经济条件可以缓解区域贫困化，最后基于扶贫压力指数，提出了公平、合理的财政扶贫资金分配方案。龚维进等（2018）基于结构和空间视角，对我国财政支出减贫效应的结构性、空间相关性和空间差异进行研究，提出通过加强区域协作解决区域性贫困问题。苏静（2018）根据托马斯·博格的全球正义理论，从制度、人权、义务、公平等角度综合地论述了全球贫困问题为何存在及谁为之负责等问题。田园等（2018）从地理角度分析了我国集中连片特困地区的贫困成因，指出大别山区主要致贫原因是受教育水平偏低；大兴安岭南麓山区和滇桂黔石漠化区环境脆弱性与贫困关系比较明显；燕山—太行山区主要致贫因素是农业生产潜力偏低，农业生产基础设施薄弱；罗霄山区和秦巴山区受交通便捷度制约较大。刘兆征（2019）在对吕梁山集中连片特困地区的分析指出，农民进取意识不强是该片区贫困的主要原因，其次是农业生产条件差、规模小、农村的基础设施薄弱、农产品销售难等问题。李晴（2019）认为，我国集中连片特困地区的致贫原因主要包括以下五个方面：一是生态环境脆弱，土地保障性有限；二是产业基础薄弱，贫困人口生计资本不足；三是处在省际交界，扶贫政策难以惠及；四是社会保障制度不完善，因病致贫突出；五是人力资本不足，可选的生计策略较少。

现有文献认为，集中连片特困地区的扶贫机制主要包括教育扶贫机制、金融扶贫机制和产业扶贫机制等，扶贫模式主要包括电商精准扶贫模式、旅游精准扶贫模式、金融精准扶贫模式、易地搬迁精准扶贫模式、综合精准扶贫模式等。张翔（2016）认为教育扶贫是集中连片特困地区脱贫致富的最佳路径，并提出构建包括主体博弈、精准识别、运行、考核与监督的教育精准扶贫系统。胡德（2013）通过评估湖北省集中连片地区的金融扶贫机制的运行效果，提出应该从制定集中连片特困地区金融扶贫指导意见、加强金融改革创新、推进金融服务体系建设、深化金融扶贫与产业发展融合等方面完善集中连片特困地区可持续金融扶贫机制。巫志斌等（2013）以“金融支持-经济发展-贫困减少”传导机制为理论依据，提出应该从增加扶贫贷款额度并根据农户需求设计扶贫贴息信贷产品、探索“公司＋农户”模式和扶贫贷款风险分担机制、实施差异化的财政金融激励政策等方面提升金融扶贫机制的效果。唐建兵（2016）认为，四川藏区具有发展产业扶贫机制的资源优势，提高四川藏区产业扶贫的效果需要立足于其资源优势，积极实施产业项目精准机制、帮扶单位选准机制、产业动态补偿机制和产业精准评价机制。张丽娜等（2016）探讨了国际上三种类型的农村扶贫模式："发展极"模式、"满足基本需求"模式、"社会保障方案"模式，并从中借鉴以促进中国"精准扶贫"工作机制创新。唐勇等（2013）认为要实行以旅游产业带动集中连片特困地区扶贫开发工作的发展模式，该模式研究为国家集中连片特困地区扶贫旅游产品开发、线路设计等后续研究奠定了理论基础。张玉强等（2017）通过对比发现，大别山区的旅游精准扶贫模式、武陵山区的金融精准扶贫模式和秦巴山区的易地搬迁精准扶贫模式均取得了较好的扶贫效果，但这三种模式在实施条件、主要路径、困难性和扶贫成效等方面存在明显差异。李晴（2019）比较了罗霄山区的综合精准扶贫模式、乌蒙山区的电商精准扶贫模式、大别山区的旅游精准扶贫模式和燕山-太行山区的金融精准扶贫模式，并提出应该从以下六个方面优化精准扶贫模式：一是转变政府职能，促进多元主体参与；二是完善精准扶贫工作机制，促进精准识别；三是实行分类帮扶，将扶贫与扶智有机结合；四是注重生态保护，加强区域合作；五是完善贫困动态管理制度和绩效评估机制；六是建立反贫困长效机制，加快制度体系建设。

现有文献主要从产业、政府及农户等角度提出集中连片特困地区的扶贫对策。王赞新（2015）认为集中连片特困地区发展生态补偿式扶贫具有广阔的前景和巨大潜力。韩斌（2015）以滇黔桂石漠化片区为例，提出了生态扶贫、特殊群体"救助＋帮扶"和"种养＋加工＋科技"等精准扶贫的实现路径。陈全功等（2016）认为减少贫困人口是集中连片特困地区的发展重点，可以通过产业扶贫、劳动力培训、基础设施建设等具体途径和措施实现区域和贫困人口的同步发展。陈灿平（2016）以四川省少数民族特困地区为例，提出发挥政府主导职能、抓好基础扶贫项目、创新扶贫模式是提升集中连片特困地区扶贫效果的重要措施。何芬等（2015）从致贫原因出发，借鉴美国、日本等国家推动落后地区的发展经验，提出构建合作机制、完善公共服务、加大资金支持力度、导入绿色产业、重视生态建设五项措施来推动我国集中连片特困地区开发与减贫。李佳（2015）以广西民族地区旅游业为例，从女性视角出发定量分析了区域内旅游经济的差异，提出了提升旅游扶贫效应应该从提高少数民族女性的参政意识、增加教育机会和保护民族文化等方面入手。常香荷（2017）以吕梁山集中连片特困地区为例，提出扶贫脱贫工作需要从加速推进农民素质全面提升、加快推动农业适度规模经营、大力发展农村生态经济、加大农村基础设施建设力度等方面抓起。

2.3.2 森林旅游研究

（1）国外研究回顾

1960 年，自西雅图举行的第五届世界林业大会第一次提出森林旅游概念之后，森林旅游逐渐走入学者们的视野。经过几十年的发展，国外学者对森林旅游的研究较为广泛，主要侧重于森林旅游的环境和经济影响方面。

在环境影响方面，Wall（1997）分析了森林旅游活动对地质地貌、植被、水质、土壤等的影响。Rizio 等（2014）将森林景观作为研究对象，分析了森林旅游的可持续发展和自然资源管理的相关关系。Cohen-Hattab 等（2018）通过对以色列森林旅游的研究，探讨了森林旅游在开发政策上的变化，并分析了森林旅游发展对森林资源的影响。另有学者认为森林资源及野生动物在森林旅游的发展中已经受到重大威胁，因此需要采取保护措施以保障森林旅游的可持续发展（Rosciano 等，2013；Rodrigues 等，2021）。

在经济影响方面，Wunder（2000）使用厄瓜多尔亚马逊地区 Cuyabeno 野生动物保护区的数据，对旅游业、当地利益和保护之间的联系进行了概念化和实证分析，认为旅游业提供了显著的额外收入，但旅游收入的有效性取决于参与方式固有的激励结构，取决于其他生产活动的替代与互补，只有旅游改变劳动力和土地分配决策，才能有效提高农户收入。Shackleton 等（2007）阐述了林地和森林对南非农村生计和减贫的重要性，认为森林资源是南非生计的重要组成部分，森林旅游业是南非经济增长最快的行业。Kiernan（2013）指出在一些自然资源丰富的国家，可以通过发展森林旅游产生经济效益并保护当地生态环境。Manwa 等（2014）指出，博茨瓦纳政府将森林旅游业视为一种有意义的、可持续的经济活动，政府和国际捐助机构正在倡导发展森林旅游来减缓贫困。Snyman（2014）认为，森林旅游是一种有效的可持续土地利用方式，有助于当地社会经济发展和生物多样性保护。Solomon 等（2017）认为森林旅游产业的发展对于地方和国家的多方面都有积极促进作用，但必须以环境保护为前提，如果不注重环境保护，森林旅游产业发展带来的积极影响必然是暂时的、短暂的，而且后期可能会付出较大的代价。Gossling（2018）提出，在生态旅游产业的发展过程中游客的作用至关重要，游客对于当地提供的生态旅游资源的认可程度会影响他们愿意支付的费用，随着满意度的提高，游客愿意支付的费用也随之提高，进而增加当地经济的资金流，带动当地生态旅游产业的发展。

（2）国内研究回顾

自 1982 年张家界森林公园成立后，国内开始研究森林旅游。1990 年，林业经济学家蒋敏元教授在其编著的《森林资源经济学》一书中，对森林旅游的概念、特点和形成条件进行了较为系统的阐述，为后续森林旅游研究奠定了良好基础。与国外相比，本领域的研究虽然起步较晚，但是发展迅速，目前已经在森林旅游影响和森林旅游可持续发展方面产生了不少的研究成果。

国内学者对森林旅游影响的研究集中在其经济影响方面。温彦平（2001）分析了森林旅游开发与区域经济发展之间的关系，认为森林旅游开发不仅能促进区域经济的发展还能为国家和地方带来经济发展的动力。韩锋等（2019）通过拟合洛伦兹曲线并计算基尼系数，分析在自然保护区开展森林旅游背景下农户收入分配结构的变化，认为森林旅游能显著提高农户收入，经营农户收入分配差距大，非经营农户收入分配差距小，森林旅游在一定程度上加大了农户之间的收入分配不平等。马奔等（2017）采用计划行为理论构建理论模型，利用Probit、Tobit回归模型对农户参与生态旅游的经营行为进行研究，认为当地农户从事生态旅游经营活动是当地社区脱贫致富的有效手段，是实现生态扶贫的重要措施。李彦等（2020）运用倾向得分匹配倍差法来分析创建生态旅游示范区这一政策对区域经济绿色发展的影响，发现生态旅游示范区的创建有利于促进该区域的人均收入、增强环境规制、扩大生态资本，而对该地区产业结构高级化进程而言，该政策作用的发挥则存在一定的滞后效应。邱守明等（2017）认为生态旅游发展可以通过提升人均财产性收入和人均工资性收入的方式提高农户的人均总收入，且低收入和中低收入农户家庭的收入对参与国家公园生态旅游发展的依赖程度非常高，而影响中等收入和中高收入农户家庭的收入的影响因素较多，收入最高的农户家庭对参与国家公园生态旅游发展依赖较小。

随着可持续发展理念的推广，国内学者近几年较多关注森林旅游的可持续发展问题。陈蕴（2022）认为，为了确保森林旅游的可持续发展，需要以科学的发展观为前提、以生物的多样性为基础，对自然资源进行合理充分的开发并完善旅游功能区域的相关设施与制度。方世巧等（2018）对森林旅游生态补偿构成要素进行系统分析，提出了政府主导、自我补偿、区别奖惩和循环反哺相结合的生态补偿机制。温赛赛等（2022）通过构建森林旅游产业与生态环境耦合协调的“压力-状态-响应”框架，实证分析黑龙江省森林旅游产业与生态环境的协调发展的动态演进过程，认为提高生态环境综合水平是未来推进森林旅游产业与生态环境优质协调发展的关键。何元凯等（2021）认为在我国农村集体林区发展森林旅游是一个绿色发展的选择，提出要认清集体林区森林旅游开发的资源优势定位，创新森林旅游开发机制及构建适宜的利益分配机制，以促进集体林区森林旅游的可持续发展。王庆等（2021）围绕森林旅游系统的构成要素，对当前森林旅游发展过程中的现实困境进行了分析，并从产品创新、基础设施建设、资金保障、人才支撑及生态系统保护等方面提出了实现森林旅游高质量发展的相关对策建议。

2.3.3 旅游扶贫成效研究

（1）国外研究回顾

国外学者关于旅游发展是否促进减贫这一问题，主要分为有用论、无用论和环境决定论三种观点。

有用论观点认为旅游业发展有利于贫困减缓。旅游发展为贫困人口提供收入和就业两方面的发展机会，并且其经济利益可以通过“涓滴效应”自发地惠及贫困人口，因此有利于减贫（Scheyvens，1999）。此外，旅游扶贫在带来经济利益的同时，还可以产生明显的非经济利益，比如有效改善当地的基础设施、提高公共服务水平、促进文化传承、提高居民素质等明显的非经济利益（Muchapondwa，2013）。Odhiambo（2012）和 Zyl（2005）利用南非 1980—2009 年的数据进行实证研究，发现旅游业发展使该国的贫困程度有所减缓。

无用论观点认为旅游业发展并没有促进贫困减缓。旅游发展并非总是对减贫产生积极作用，由于利益分配不均、投资挤出和抑制传统行业等原因，旅游发展可能会对缓解相对贫困产生消极影响。从利益分配不均来看，旅游业在促进经济增长的同时由于贫困人口获益不明显，可能会扩大收入差距，带来贫困恶化。从投资挤出效应来看，由于贫困地区自身发展旅游业动力不足，极度依赖外部投资，这会导致旅游收入大规模回流，贫困地区社会经济福利减少（Mowforth，2015）。从传统行业抑制效应来看，贫困地区旅游业发展促进了其他关联行业获得发展，但由于商品价格上涨和劳动力工资上涨等原因，传统行业可能会受到抑制，而贫困人口如果仅仅通过传统行业获得收入，他们的经济状况会受到不利影响（Blake 等，2008）。

环境决定论观点认为多种因素会对旅游减缓贫困的作用造成影响，因此这种影响具有不确定性，不是简单的“非正即负”的关系。Kim 等（2016）发现旅游减贫效应与经济发展水平等地区特征有关，人均国内生产总值存在门槛效应。有学者进一步分析旅游减贫效应具有区域异质性，认为自然条件、政府政策和组织管理等因素都会对旅游减贫效应产生影响（Muganda 等，2010；Holden 等，2011；Trau，2012）。

（2）国内研究回顾

扶贫重在成效，国内学者们尤为关注旅游发展对贫困地区及贫困人口在经济、社会、文化和环境等方面的综合作用，并从宏观视角和微观视角两个方面开展旅游扶贫成效研究。

宏观视角而言，学者们主要从旅游扶贫对区域经济、社会和生态等方面的综合效应来进行分析。由于研究区域不同，得出的结论不尽一致。党红艳等（2017）发现，运用灰色关联度分析法分析发现，旅游扶贫对当地经济增长、开放度、生态环境和贫困人口发展能力等方面具有改善作用，但对当地传统文化产生了不利影响。张霞等（2020）发现，结合熵值法与加权评分法，研究发现陕北地区乡村旅游精准扶贫在经济效应和改善贫困居民健康水平方面比较显著，但在改善贫困人口受教育程度及生活水平方面效果不显著。何静等（2019）运用 Tapio 脱钩模型发现西南地区 136 个贫困县的综合贫困状况随着旅游的发展得到明显改善。除运用综合指标评价模型外，部分学者运用计量回归模型研究旅游发展对减贫的影响。赵磊等（2018）基于我国 1999—2014 年省级面板数据，实证发现旅游业对农村贫困指数具有显著的减缓作用，但值得关注的是，农村贫困人口内部收入分配不平等这一现象伴随而生。王松茂等（2020）运用我国 2008—2017 年省级面板数据，构建多维贫困减缓评价指标体系进行评价，结果表明旅游发展减缓了经济、生活、环境等维度的贫困，且正向空间溢出效应较为显著。

微观视角而言，学者们主要着眼于贫困人口的增收效应和自我感知效应来研究旅游扶贫的政策差异性。在贫困人口增收效应方面，余利红（2019）对湖北省采用匹配倍差法研究发现，乡村旅游扶贫显著增加了农户收入。马奔等（2016）运用倾向得分匹配方法探究生态旅游扶贫成效，认为保护区周边社区农户参与生态旅游经营显著增加了收入。在贫困人口自我感知效应方面，学者们认为当地居民对旅游发展影响的感知是旅游扶贫效果的最直接反映。韩磊等（2019）运用主成分分析和聚类分析方法分析旅游扶贫村居民影响感知的程度、水平和内部差异，结果表明恩施旅游扶贫村居民对旅游发展带来的经济、社会、环境效益的认可度不高。汪侠等（2017）采取因子分析方法和模糊综合评价模型构建旅游扶贫满意度评价指标体系，通过定量研究发现贵州郎德镇旅游扶贫满意度水平较高。谢双玉等（2020）采用探索性因子评价恩施 22 个旅游扶贫重点村旅游扶贫农户感知水平，研究发现农户总体上对旅游发展带来的正面效应感知高于负面效应。

2.3.4 生产要素配置研究

（1）国外研究回顾

国外学者对生产要素配置研究开展较早。Ciaian 等（2012）利用具有 37 409 个观测值的独特农场层面面板数据集并采用匹配估计器，分析了农场获得信贷如何影响中东欧转型国家的农场投入分配和农场效率，发现农场在投入之间受到不对称的信贷约束，获得信贷的改善会导致调整农场的相对投入强度。Hu等（2021）采用非参数方法测度了1981—2017年中国农业全要素生产率增长指数，并基于诱导技术进步理论识别了技术进步的要素偏差。然后，根据技术进步对化肥的依赖程度，将偏向性技术进步划分为偏向绿色性技术进步和偏向污染性技术进步，进而实证检验诱发和促进绿色偏向性技术进步的因素配置结构，结果表明提高劳动资本比、降低资本土壤比可以诱导和促进绿色偏向的技术进步，同时抑制污染偏向的技术进步，增加劳动投入可以通过降低机械化程度间接促进绿色技术进步。

（2）国内研究回顾

国内学者也对生产要素配置进行了深入研究。李涛等（2020）利用中国家庭追踪调查数据库的2 024个样本探究不同农地产权及农地要素如何影响农户家庭的各项收入，研究表明：农地生产要素和农业劳动力要素的有效配置，能够显著拉动农户家庭农业收入及其占比上升，农地生产要素的配置显著降低了农户家庭非农收入占比，劳动力要素的农业配置对非农收入及其占比起到抑制性作用，同时会进一步拉低农户家庭总收入的规模，农地产权能够通过调节农户农业生产要素配置来间接影响农户收入。林文声等（2018）构建“农地确权-要素配置-农业生产效率”的理论分析框架，并根据2014年和2016年中国劳动力动态调查的混合截面数据，采用中介效应模型实证分析了农地确权对农户农业生产效率的影响及其作用机制，认为农地确权在总体上提高了农户农业生产效率，对于没有发生农地调整、农业机械化条件较好的村庄，农地确权能够提高农户农业生产效率，农地确权一方面通过促进农户加大农业短期投入、增加旱地转入和提高家庭务农人数占比提升其农业生产效率，另一方面通过抑制农户水田或水浇地转入导致其农业生产效率损失。何文剑等（2021）在分析集体林权改革对农户家庭收入影响机制的基础上，利用22年省级面板数据，构建渐进性双重差分模型和中介效应模型证实集体林权改革不仅实现了劳动力在营林部门与非农部门之间的优化配置，同时增加了农户信贷可得，扩大了林地经营规模，有效提高了农户对营林部门与非农部门的资金投入，进而提高了农户家庭收入。史常亮等（2020）基于2005—2017年省际面板数据，分析土地流转对农业生产效率的影响，并从要素错配角度研究土地流转如何影响农业生产要素配置进而改善总体效率，证实了土地流转主要通过纠正劳动力错配来提高农业生产效率，但是土地流转对土地错配状况的纠正作用有限。董莹等（2019）基于有偏技术进步理论构建研究框架，以设施蔬菜生产为例，结合倾向得分匹配方法、两阶段随机前沿分析模型，实证分析了合作社对小农户的生产要素配置与管理能力作用，结果表明：第一，合作社显著弱化了小农户对土地与生物化学型技术要素的产出依赖，有助于小农户对生物化学型技术要素进行理性投入与结构调整，实现绿色高效生产转型；第二，合作社能强化具有较高受教育程度与设施蔬菜产值占比、积极参与技术指导及处于京津冀地区特征的小农户的管理能力，促进区域专业化生产，从而动态提升小农户的整体生产效率。

2.3.5 可持续生计研究

（1）国外文献回顾

生计概念产生于20世纪90年代，多数学者认为生计指谋生的方式，而谋生方式建立在能力、资产和活动基础之上（Chambers，1992）。可持续生计是生计概念的进阶，旨在阐释什么样的生计是可持续的。Scoones（1998）和英国国际发展部都定义了可持续生计，即人们为了谋生所需要的能力、资本及所从事的活动。随着旅游产业的不断发展，学者们逐渐运用可持续生计分析框架来解释旅游发展对旅游目的地生计的影响。大多数学者认为森林旅游给当地带来了大量的就业机会和旅游收入，改善了农户生计并减轻对生态环境的依赖，进而促进了生物多样性保护（Jalani，2012）。Scheyvens（1999）将增权理论引入生态旅游影响研究，从经济、心理、社会、政治四个维度出发阐述生态旅游开发对当地社区生计的影响，发现就业和工资性收入是社区从生态旅游中获取的最重要的经济收益之一。Andam等（2010）通过对比哥斯达黎加和泰国自然保护区周边社区贫困程度时发现，自然保护区可以通过旅游就业有效减轻周边社区贫困。Açıksöz等（2015）和Stone等（2015）的研究表明，生态旅游是促进自然资源可持续管理和生计多样化的可行策略，以社区为基础的生态旅游开发可以通过创造就业和收入提高社区农户主人翁意识、降低社区农户对生态资源的依赖性，从而有效保护生物多样性、促进社区增权并减轻贫困。Nyaupane等（2011）认为，生态旅游有助于改变当地农户对生物多样性保护的态度，减少农户对自然资源的依赖，提升农户的自我发展能力，并且改善当地的基础设施，从而有效改善生态旅游目的地生计状况。Hunt等（2015）指出，与其他行业相比，奥萨半岛的生态旅游发展对改善社区生计和生物多样性保护的贡献更大，生态旅游为当地居民提供了更高收入的就业机会，以及更多的教育、健康和信息资源，同时促进了人们积极的自然保护行为。Aazami等（2020）认为，生态旅游从经济、自然、人文、物质和社会五个方面影响当地居民的生活，在生计策略中，生计的多样化对当地居民家庭收入产生了巨大的贡献。

(2) 国内文献回顾

我国可持续生计研究起步相对较晚,学者们大多都是沿用可持续生计分析框架研究旅游发展对目的地社区农户生计的影响。孔祥智等(2008)认为旅游业发展促进了生计资本之间的不断转化和组合,有利于农户生计资本的积累和提升。陈娅玲等(2017)以西藏扎西岗村为例,基于可持续生计分析框架,分析了生态旅游发展之后农牧民家庭的生计变化,研究了生计资本-生计策略-生计结果之间的相互关系,发现影响生计策略和生计结果最重要的生计资本是人力资本和社会资本,其次是物质资本和资金资本。胡昕(2019)基于社会-生态耦合视角,研究了贵州省生态旅游发展对农户生态脆弱性的影响,发现当地农户的生计脆弱性处于较高水平,社会资本和认知资本对农户生计脆弱性的影响最为显著。安桃艳等(2019)分析了西安市 2013—2017 年森林旅游的发展对农户生计资本和生计方式的影响,研究发现农户的物质资本得到了大幅提升,但自然资本的涨幅处于停滞状态,当地的劳动力从农业生产和外出务工向旅游业倾斜,农民收入不断增加。丁慧敏等(2019)基于可持续生计理论构建农户生计评价指标体系,发现秦岭地区参与生态旅游农户和未参与生态旅游农户的五项生计资本差异显著,但是不同参与形式之间的生计资本无显著差异。毕兴等(2020)通过构建农户可持续生计分析模型,分析了贵州梵净山自然保护区生态旅游对农户可持续生计的影响,结果表明保护区农户可持续生计总体处于中等水平,生计资本对农户生计可持续影响最大,保护区生态旅游产业有较大的优化和发展空间。许扬等(2022)以阿者科村为案例地,分析了"阿者科计划"这种结构与制度因素的转变对当地农户生计的影响,结果表明旅游发展使农户生计策略出现转型和分化,其中旅游主导型农户生计资本总量最高,其次为旅游务工型农户,旅游业成为农户传统生计的重要补充,大大提升了农户的生计资本总量。

2.3.6 返贫研究

(1) 国外研究回顾

国外学者对于贫困问题研究已较为成熟和系统化,但在返贫问题上依然存在空缺,目前国外研究并没有"返贫"的特定词汇,学者们称返贫为"贫困怪圈"问题,即"贫困—脱贫—返贫"的怪圈。大多数学者将返贫归结为长期贫困,长期贫困研究中心(The Chronic Poverty Research Centre,CPRC)认为"能力剥夺"和"失败的政府及国际合作"是产生持续性贫困的重要因素。Nurkse(1953)在探讨发展中国家贫困问题时提出了"贫困恶性循环理论",在根本上揭露了贫困代际传播的根本原因及返贫的内在原因。

（2）国内研究回顾

国内关于返贫问题的研究主要是从返贫概念、返贫成因、返贫风险和返贫的治理对策等方面展开。

国内对于“返贫”定义的界定，代表性观点主要有两种：王榆青（2000）指出，“返贫”的表层意思指原来已经摆脱贫困的人现在又重新陷入贫困的一种现象，其实质就是贫困；颜廷武（2005）认为，“返贫”指受内外要素的影响，已经“脱贫”或位于贫困标准线以上的人口又重新陷入“贫困”或位于贫困标准线之下，重新成为贫困人口。综合上述两种代表性观点可以认为：返贫指在内外限制因素作用下，原来已脱贫人口及濒临贫困人口再度陷入贫困状态，具体表现为收入降至贫困线以下，精神及物质生活不能得到基本满足等。李金蔚（2018）指出，返贫比单纯的贫困更具有危害性且影响更大，返贫是一种由好变坏，因而它给返贫户带来的打击更大。另外，如果农户多次返贫，他们对脱贫的信心也会越来越小，有些甚至会陷入宿命论中，这无疑又会增加扶贫的难度。

在返贫成因研究方面，凌国顺等（1999）认为，返贫现象的成因主要在于返贫人口自身素质的低层次性，政府应着力人力资本投资与积累，提高贫困人口的素质。洪江（1999）认为，我国返贫的原因主要与自然灾害、基础设施、脱贫户观念、扶贫政策、贫困地区优惠政策、扶贫主体行为、社会保障、农民负担等八个方面有关。韩峥（2004）认为，农村低收入和贫困人口较高的脆弱性构成了稳定脱贫的主要障碍。于平（2004）提出破坏生态的扶贫方式是返贫的直接诱因。孙菲等（2017）认为，农村人口返贫的原因主要是基础设施的欠缺，要想防止农村人口返贫，一定要健全农村基础设施，改善现有生产基础条件，进而提升农村人口发展能力。王刚等（2017）指出，脱贫户返贫的原因具有多面性，其中因病返贫是主要原因，且劳动力数量、健康状况和家庭成员受教育程度与返贫问题紧密相关。马绍东等（2018）利用多维贫困分析方法“A-F（双重临界值法）”对35 000个建档立卡贫困户进行分析后发现，健康因素、劳动力因素和危房是导致居民返贫的重要原因，文化程度对居民“返贫”的影响呈现下降趋势。段小力（2020）认为，返贫与该地区经济发展滞后和抵御风险能力较差、贫困户自我发展意识不足、制度不够完善等因素有关。潘文轩（2020）利用两阶段比例分层抽样法估算2019年贫困地区返贫和新增贫困的总体水平时发现，疾病、残疾与缺乏劳动力是导致返贫和新增贫困的三大主要直接原因。于代松等（2021）认为返贫现象发生的内部原因包括农户自身综合素质差、思想观念落后、抗风险能力弱，外部原因包括产业扶贫成效不佳、“输血式”扶贫疗效短暂、“三变改革”操作不当，政府应从提升产业扶贫质量、改善扶贫方式、加强贫困地区教育扶贫力度、优化贫困户大病救助体系、建立长效稳定机制几个方面阻断返贫现象。

在返贫风险研究方面，一些学者对返贫风险因素进行了归集，刘玲琪（2003）认为返贫风险因素有五种类型，分别是生存艰难型返贫、温饱不稳定型返贫、素质低下型返贫、环境恶劣型返贫、天灾人祸型返贫；郑瑞强等（2016）把返贫风险因素分为了四类，分别是政策性返贫、能力缺失返贫、环境返贫和发展型返贫；丁德光（2017）将返贫风险归集于产业发展、疾病、政策、道德、协同不足等方面，并提出需整合各种力量对不同类型的返贫风险进行精准施策；杨龙等（2021）构建了返贫风险管理分析框架，并从政策、环境和个体三方面对农户返贫风险做了归纳。还有一些学者从可持续生计视角对返贫风险因素进行了剖析，付少平等（2021）通过实证调查发现，仍有很多脱贫人口面临缺乏合理的收入结构、政府转移性收入比例过大、对福利政策依赖度较高、家庭病残人口抚养比过高、自然资本减损、单一的生计策略、家庭负债、社会资本匮乏等诸多生计风险；罗玉杰等（2022）认为，乡村旅游地返贫风险包括生计资本薄弱、产业结构单一、外部灾害冲击和市场风险等方面，并提出金融资本、自然资本和人力资本较低会导致农户高返贫感知。以往研究对返贫现象的复杂性达成一致意见，认为返贫现象是内部和外部因素相互耦合的结果。在返贫风险的测度方面，相关研究方法日趋多元化，但依旧以定性分析为主、数理统计法为辅。在宏观层面上，吴本健等（2021）基于 100 312 份全国人口较少民族脱贫家庭数据，运用蒙特卡洛模拟方法计算出脱贫家庭的返贫风险，并验证了该方法的准确性；彭玮等（2021）根据多维贫困指数构建返贫风险预警指标体系，运用熵权法和系统聚类算法对我国 21 个贫困省份进行返贫风险评估，发现云南省和四川省返贫风险相对较高。在微观层面上，张学敏等（2021）从生计能力、成长能力、灾病应对能力和应急处理能力四个方面构建了返贫预警评价指标体系，运用层次分析法和 BP 神经网络算法对广西壮族自治区河池市东兰县 256 户脱贫家庭进行返贫预警评价，发现东兰县返贫风险相对较低，与该地区实际情况相符；黄国庆等（2021）采用生计脆弱性框架构建脱贫户返贫风险评估体系，运用熵权法和综合指标评价法对民族地区脱贫户返贫风险进行评估，发现脱贫户的返贫风险主要集中在人力风险和金融风险。

在返贫治理对策方面，遏制返贫需要基础设施投入、开发式扶贫、科技扶贫多管齐下（焦国栋，2005），需要减灾与扶贫相结合，财政投入与保险相结合，教育扶贫与移民扶贫相结合（王国敏，2005）。党的十八大以来，学界更多从微观层面进行返贫研究，邹薇等（2014）运用反向 VEP 的贫困脆弱性测度方法对农户家庭脆弱性变动和农户家庭脆弱性差距进行分解分析时发现，只有提高收入水平才能防止低收入脱贫户返贫，事先预警和选择风险抵御工具可以有效避免返贫；黄薇（2019）基于“中国家庭健康与营养调查”的微观数据，实证检验了倾斜性保险扶贫政策在减贫实践中的作用，发现农业保险和农民医疗保险在防止返贫中具有重要意义。在乡村振兴战略背景下，如何巩固脱贫攻坚成果、保障高质量可持续脱贫，关键在于阻断返贫现象，而构建必要的阻断返贫长效机制，一方面可以使脱贫攻坚相关政策得以延续，另一方面也是确保脱贫攻坚成果的重要举措（蒋和胜 等，2020）。李海金等（2019）认为，稳定脱贫长效机制可以从扶贫格局、社会扶贫与稳定脱贫契合点、城乡融合互动、县域治理、农村基层治理等方面着手。范和生（2018）基于贫困人口脆弱性研究，将返贫预警类型划分为政策环境预警、自然环境预警和主体自身预警，并在此基础上构建由预警信息机制、组织预警机制、长效衔接机制、利益联结机制和考核监督机制组成的返贫预警机制。张帆（2020）从制度供给、产业特色化构建和结构优化、中央和地方政策承接与协调、贫困地区加强政策的甄选和执行能力等方面对返贫形成的根源和内外部环境的影响进行全面分析，对建立行之有效的返贫预警机制给予重要的证据支持作用。彭玮等（2021）建立了“省-市（州）-县-乡（镇）-村”五级常态化预警系统及突发性风险预警系统，并指出基层工作者在对返贫因素进行识别和干预时，应该结合各个地区的地域特点和经济基础来灵活利用返贫预警机制。

2.3.7 研究述评

国外学者对于贫困问题关注度比较高，但没有“集中连片特困地区”这一概念，大多是对“一般贫困地区”的研究。国内对于集中连片特困地区扶贫的研究及旅游扶贫成效的研究已有很多成果，但是缺乏从森林旅游角度来研究集中连片特困地区扶贫成效问题。通过梳理近几年探讨森林旅游与农户收入关系、生产要素配置的学术成果来研究扶贫成效，一方面国内外学者运用不同的实证方法评估了森林旅游对于农户收入的影响，但对于影响农户收入的作用路径有待深入研究，明确其中作用路径有助于更进一步提高农户收入；另一方面是现有研究对于农户生产要素配置多是从农地、林地产权等出发来研究生产要素配置决策及影响，鲜少以森林旅游为出发点。

对于返贫问题的认识，国内外尚存在一定的差异，目前国外研究并没有“返贫”的特定词汇，缺少关于返贫问题的论述。在研究内容上，国内学者主要从现象分析和对策思考的视角来理解，但是研究层次过于简化与一般化，主要体现在以下四个方面：第一，对于返贫中的治理研究比较丰富，返贫风险及防治的系统研究不足；第二，缺少有关返贫问题的实证研究，现有研究多停留在返贫的成因、治理对策等宏观层面，对返贫现象的生成机理、演化过程研究不够深入；第三，对扶贫、脱贫较多关注，而对脱贫后的返贫动态跟踪、监控、预警、干预研究不足；第四，对于旅游地脱贫农户的返贫风险问题研究，一般选择旅游景区周边所有农户作为研究对象，较少关注旅游地农户参与这一特殊现象。在研究方法上，相关研究方法日趋多元化，但依旧以定性分析为主、数理统计法为辅，实证研究和归纳法较多，体系化、数量化、规范化的理论研究和定量研究成果相对匮乏，定性分析以描述性分析为主，定量研究方法相对不足。

3 集中连片特困地区贫困状况及森林旅游发展

3.1 集中连片特困地区基本情况

3.1.1 中国集中连片特困地区范围及贫困状况

在精准扶贫阶段，我国扶贫攻坚以集中连片特困地区为主战场。根据《中国农村扶贫开发纲要（2011—2020年）》，按照“集中连片、突出重点、全国统一、区划完整”的原则，明确将全国划分为14个集中连片特困地区，680个县，覆盖全国21个省（自治区、直辖市），作为扶贫攻坚主战场，分别是六盘山区、秦巴山区、武陵山区、乌蒙山区、滇桂黔石漠化区、滇西边境山区、大兴安岭南麓山区、燕山-太行山区、吕梁山区、大别山区、罗霄山区等区域的连片特困地区和已明确实施特殊政策的西藏区、四省藏区、南疆三地州（表3-1）。

表3-1 14个集中连片特困地区名单

单位：个

片区名称	省份	地市名	所辖县数
六盘山区	陕西	宝鸡市、咸阳市	7
	甘肃	兰州市、白银市、天水市、武威市、平凉市、庆阳市、定西市、临夏回族自治州	40
	青海	西宁市、海东市	7
	宁夏	吴忠市、固原市、中卫市	7
秦巴山区	河南	洛阳市、平顶山市、三门峡市、南阳市	10
	湖北	十堰市、襄阳市	7
	重庆	重庆市	5
	四川	绵阳市、广元市、南充市、达州市、巴中市	15
	陕西	西安市、宝鸡市、汉中市、安康市、商洛市	29
	甘肃	陇南市	9

（续）

片区名称	省份	地市名	所辖县数
武陵山区	湖北	宜昌市、恩施土家族苗族自治州	11
	湖南	邵阳市、常德市、张家界市、益阳市、怀化市、娄底市、湘西土家族苗族自治州	31
	重庆	重庆市	7
	贵州	遵义市、铜仁市	15
乌蒙山区	四川	泸州市、乐山市、宜宾市、凉山彝族自治州	13
	贵州	遵义市、毕节市	10
	云南	昆明市、曲靖市、昭通市、楚雄彝族自治州	15
滇桂黔石漠化区	广西	柳州市、桂林市、南宁市、百色市、河池市、来宾市、崇左市	29
	贵州	六盘水市、安顺市、黔西南布依族苗族自治州、黔东南苗族侗族自治州、黔南布依族苗族自治州	40
	云南	曲靖市、红河哈尼族彝族自治州、文山壮族自治州	11
滇西边境山区	云南	保山市、丽江市、普洱市、临沧市、楚雄彝族自治州、红河哈尼族彝族自治州、西双版纳傣族自治州、大理白族自治州、德宏傣族景颇族自治州、怒江傈僳族自治州	56
大兴安岭南麓山区	内蒙古	兴安盟	5
	吉林	白城市	3
	黑龙江	齐齐哈尔市、绥化市	11
燕山-太行山区	河北	保定市、张家口市、承德市	22
	山西	大同市、忻州市	8
	内蒙古	乌兰察布市	3
吕梁山区	山西	忻州市、临汾市、吕梁市	13
	陕西	榆林市	7
大别山区	安徽	安庆市、阜阳市、六安市、亳州市	12
	河南	信阳市、驻马店市、开封市、商丘市、周口市	16
	湖北	孝感市、黄冈市	8
罗霄山区	江西	萍乡市、赣州市、吉安市、抚州市	17
	湖南	株洲市、郴州市	6
西藏区	西藏	拉萨市、昌都市、山南市、日喀则市、那曲市、阿里地区、林芝市	74

（续）

片区名称	省份	地市名	所辖县数
四省藏区	云南	迪庆藏族自治州	3
	四川	阿坝藏族羌族自治州、甘孜藏族自治州、凉山彝族自治州	32
	甘肃	武威市、甘南藏族自治州	9
	青海	海北藏族自治州、黄南藏族自治州、海南藏族自治州、果洛藏族自治州、玉树藏族自治州、海西蒙古族藏族自治州	33
南疆三地州	新疆	克孜勒苏柯尔克孜自治州、喀什地区、和田地区	24

资料来源：国务院扶贫办2012年6月14日发布的《关于公布全国连片特困地区分县名单的说明》。

我国统计数据表明，自2011年在我国14个集中连片特困地区实行扶贫战略以来，各地区绝对贫困人口在不断减少，贫困率逐渐下降（表3-2），农村常住居民人均可支配收入逐年升高（表3-3）。

表3-2 2012—2019年集中连片特困地区农村贫困发生率

单位:%

片区名称	2012年	2013年	2014年	2015年	2016年	2017年	2018年	2019年
全部片区	24.4	20.0	17.1	13.9	10.5	7.4	4.5	1.5
六盘山区	28.9	24.1	19.2	16.2	12.4	8.8	5.6	2.6
秦巴山区	23.1	19.5	16.4	12.3	9.1	6.1	3.6	1.0
武陵山区	22.3	18.0	16.9	12.9	9.7	6.4	3.8	1.7
乌蒙山区	33.0	25.2	21.5	18.5	13.5	9.9	6.2	2.0
滇桂黔石漠化区	26.3	21.9	18.5	15.1	11.9	8.4	5.3	1.4
滇西边境山区	24.8	20.5	19.1	15.5	12.2	9.3	5.8	2.3
大兴安岭南麓山区	21.1	16.6	14.0	11.1	8.7	6.6	3.5	0.7
燕山-太行山区	20.9	17.9	16.8	13.5	11.0	7.9	4.5	1.2
吕梁山区	24.9	21.7	19.5	16.4	13.4	8.4	4.6	1.4
大别山区	18.2	15.2	12.0	10.4	7.6	5.3	3.0	1.0
罗霄山区	18.8	15.6	14.3	10.4	7.5	5.0	3.2	1.0
西藏区	35.2	28.8	23.7	18.6	13.2	7.9	5.1	1.4
四省藏区	38.6	27.6	24.2	16.5	12.7	9.5	5.6	1.8
南疆三地州	33.6	20.0	18.8	15.7	12.7	9.1	5.9	1.7

资料来源：国家统计局住户调查办公室．中国农村贫困监测报告2020［M］．北京：中国统计出版社，2020。

表 3-3　2013—2019 年连片特困地区农村常住居民人均可支配收入

单位：元

片区名称	2013 年	2014 年	2015 年	2016 年	2017 年	2018 年	2019 年
全部片区	5 956	6 724	7 525	8 348	9 264	10 260	11 443
六盘山区	4 930	5 616	6 371	6 915	7 593	8 429	9 370
秦巴山区	6 219	7 055	7 967	8 769	9 721	10 751	11 933
武陵山区	6 084	6 743	7 579	8 504	9 384	10 397	11 540
乌蒙山区	5 238	6 114	6 992	7 994	8 776	9 650	10 682
滇桂黔石漠化区	5 907	6 640	7 485	8 212	9 109	10 073	11 261
滇西边境山区	5 775	6 471	6 943	7 754	8 629	9 560	10 927
大兴安岭南麓山区	6 244	6 801	7 484	8 399	9 346	10 721	11 878
燕山-太行山区	5 680	6 260	7 164	7 906	8 593	9 701	10 797
吕梁山区	5 259	5 589	6 317	6 884	7 782	8 890	10 232
大别山区	7 201	8 241	9 029	9 804	10 776	11 974	13 339
罗霄山区	5 987	6 776	7 700	8 579	9 598	10 637	11 849
西藏区	6 553	7 359	8 244	9 094	10 330	11 450	12 949
四省藏区	4 962	5 726	6 457	7 288	8 018	9 160	10 460
南疆三地州	5 692	6 403	7 053	7 845	9 845	10 762	12 010

资料来源：国家统计局住户调查办公室．中国农村贫困监测报告 2020［M］．北京：中国统计出版社，2020。

14 个集中连片特困地区多为革命老区、民族地区、边疆地区，自然地理、经济社会、民族宗教等问题相互交织，脱贫攻坚工作难度大且具有复杂性。

从自然地理角度分析，大多数集中连片特困地区与生态脆弱区高度重合，自然灾害易发多发，资源贫乏，既要严守生态保护红线，又要实现生态保护与脱贫攻坚双赢。从空间分布角度分析，集中连片特困地区集中分布在我国中西部的山区。严格意义上，除燕山-太行山区在河北省的 22 个县（区）属于东部地区外，其他 13 个连片特困区均分布在中西部地区，其中西藏区、四省藏区、南疆三地州、六盘山区、秦巴山区、滇桂黔石漠化区、滇西边境山区、乌蒙山区、大兴安岭南麓山区绝大部分县区分布在西部地区，占全部连片特困区数量的 70.57%；武陵山区、吕梁山区、大别山区、罗霄山区及秦巴山区东边部分地区分布在中部地区，占全部连片特困区数量的 28.57%，且多数片区地跨中西部地区或地处中国地势第一台阶与第二台阶的过渡地带（王宝，2016）。借鉴黄蕾（2018）的研究成果，总结了 14 个集中连片特困地区的自然地理空间特征（表 3-4）。

表 3-4　14 个集中连片特困地区自然地理空间特征

片区名称	地理位置	自然条件
六盘山区	黄土高原与青藏高原过渡地带	位于中国西北干旱区，降水不足，气候干旱，植被稀疏，是我国水土流失地质灾害的高发区，属于黄土高原丘陵沟壑水土保持功能区
秦巴山区	青藏高原、黄土高原与四川盆地	位于中国南北方的分界线，多为山地和丘陵，年平均降水量为 800 毫米左右，地处我国六大泥石流高发区之一，属于秦巴生物多样性生态功能区，是国家限制开发的重点生态功能区
武陵山区	中国第二台阶与第三台阶过渡带	位于中国西南地区，平均海拔高度在 1 000 米左右，岩溶地貌，地质灾害频发，属于武陵山生物多样性与水土保持功能区
乌蒙山区	云贵高原与四川盆地结合地带	位于中国喀斯特地貌地区，海拔较高，岩溶地貌，地质灾害频发，属于武陵山生物多样性与水土保持功能区
滇桂黔石漠化区	云贵高原与广西盆地过渡带	位于中国西南喀斯特地貌区，生态环境十分脆弱，石漠化严重，属于滇桂黔喀斯特石漠化防治生态功能区
滇西边境山区	横断山区和滇南山间盆地	位于中国西南边境地区，降水丰沛，植被茂密，属于傣族、白族、苗族等少数民族的聚集区
大兴安岭南麓山区	大兴安岭与松嫩平原过渡带	位于中国东北部，地貌类型以低山丘陵和平原为主，气候寒冷以农牧业为主，土地多沙化，生态环境脆弱，属于大小兴安岭森林生态功能区
燕山-太行山区	内蒙古高原和黄土高原向华北平原过渡地带	位于中国北部半干旱地区，年降水量在 400 毫米左右，农牧交错分布，多山地、丘陵，是北方地区沙尘的来源地与重要的水源地
吕梁山区	黄土高原与毛乌素沙地过渡地带	位于中国北方半干旱地区，年降水量在 500～600 毫米，黄土堆积深厚，土质疏松，植被稀疏，水土流失严重，是黄河泥沙的主要来源，属于黄土高原丘陵沟壑水土保持生态功能区和水土保持功能区
大别山区	中国气温、降雨南北地理分界线	位于南北方交界处，年降水量 1 000 毫米，是主要的农耕地区，属于大别山水土保持生态功能区

（续）

片区名称	地理位置	自然条件
罗霄山区	罗霄山脉、南岭山脉与武夷山结合地带	位于中国南方红壤区，年降水量 1 600 毫米左右，水土流失严重，肥力低下，洪涝灾害严重
西藏区	青藏高原	位于中国西南地区的青藏高原，大多数海拔 4 000 米以上，气候独特且多样，太阳能与地热资源丰富
四省藏区	中国第一级阶梯与第二级阶梯的交界处	属于川西高原与横断山区，山高谷深，地形与气候多样，自然灾害频发，包含诸多重点生态功能区
南疆三地州	沙漠地带	位于中国西北地区的干旱地区，年降水量仅为 100 毫米，主要为戈壁与沙漠，土地荒漠化严重，气象灾害为沙尘暴，属于塔里木河荒漠化防治生态功能区

资料来源：黄蕾．集中连片特困地区自我发展能力评价与提升研究 [D]. 太原：山西财经大学，2018。

3.1.2 云南省集中连片特困地区范围及贫困状况

云南省共有 4 个集中连片特困地区，分别是滇桂黔石漠化区、乌蒙山区、滇西边境山区和四省藏区的连片地区，共包含 14 个州市、85 个贫困县，占全国集中连片特困地区县级数量的 12.5%，占全云南省县级数量的 65.9%，占云南省总面积的 78.37%（表 3－5）。自脱贫攻坚以来，云南精准扶贫事业成效显著，脱贫攻坚有力推进，农村贫困人口大幅减少，贫困发生率持续下降，人均可支配收入持续升高；贫困地区农村居民收入增速高于全省平均，消费增速高于全国平均值（图 3－1、图 3－2）。

表 3－5　云南省 4 个集中连片特困地区名单

地区	所属州市	贫困县名称
滇桂黔石漠化区云南地区	曲靖市	师宗县、罗平县
	红河哈尼族彝族自治州	屏边苗族自治州、泸西县
	文山壮族苗族自治州	砚山县、西畴县、麻栗坡县、马关县、丘北县、广南县、富宁县

（续）

地区	所属州市	贫困县名称
乌蒙山区云南地区	昆明市	禄劝彝族苗族自治县、寻甸回族彝族自治县
	曲靖市	会泽县、宣威市
	昭通市	昭阳区、鲁甸县、巧家县、延津县、大关县、永善县、绥江县、镇雄县、彝良县、威信县
	楚雄彝族自治州	武定县
滇西边境山区	保山市	隆阳县、施甸县、龙陵县、昌宁县
	丽江市	玉龙纳西族自治县、永胜县、宁蒗彝族自治县
	普洱市	宁洱哈尼族彝族自治县、墨江哈尼族自治县、景东彝族自治县、景谷傣族彝族自治县、镇沅彝族哈尼族拉祜族自治县、江城哈尼族彝族自治县、孟连傣族拉祜族佤族自治县、澜沧拉祜族自治县、西盟佤族自治县
	临沧市	临翔区、凤庆县、云县、永德县、镇康县、双江拉祜族佤族布朗族傣族自治县、耿马傣族佤族自治县、沧源佤族自治县
	楚雄彝族自治州	双柏县、牟定县、南华县、姚安县、大姚县、永仁县
	红河哈尼族彝族自治州	石屏县、元阳县、红河县、金平苗族瑶族傣族自治县、绿春县
	西双版纳傣族自治州	勐海县、勐腊县
	大理白族自治州	漾濞彝族自治县、祥云县、宾川县、弥渡县、南涧彝族自治县、巍山彝族回族自治县、永平县、云龙县、洱源县、剑川县、鹤庆县
	德宏傣族景颇族自治州	潞西市[①]、梁河县、盈江县、陇川县
	怒江傈僳族自治州	泸水县、福贡县、贡山独龙族怒族自治县、兰坪白族普米族自治县
四省藏区云南地区	迪庆藏族自治州	香格里拉市、德钦县、维西傈僳族自治县

资料来源：国务院扶贫办2012年6月14日发布的《关于公布全国连片特困地区分县名单的说明》。

① 潞西市于2010年7月更名为芒市。

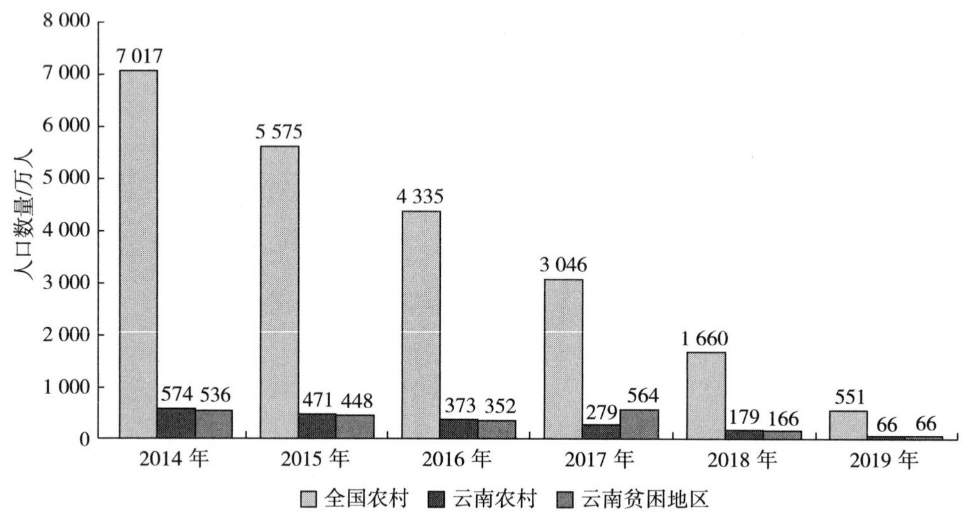

图 3-1　2014—2019 年云南及全国贫困人口数量变化

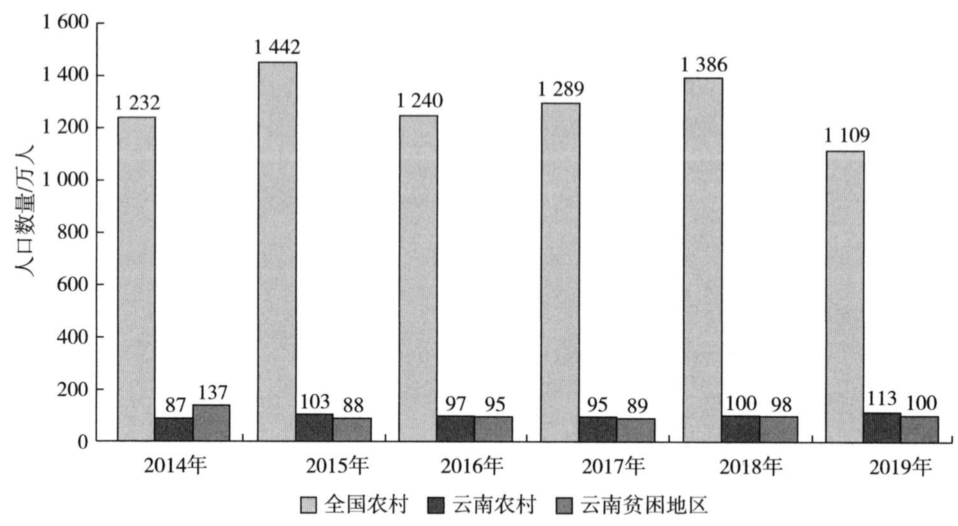

图 3-2　2014—2019 年云南及全国减贫人口数量变化

3.2　云南省集中连片特困地区旅游发展

3.2.1　云南省集中连片特困地区森林旅游资源条件

森林旅游在满足公众户外游憩需求、提高森林多功能利用水平、促进区域经济发展中的作用越来越突出，已成为推动林业转型发展、促进生态文明建设和生态扶贫的一支重要力量。根据云南省林业和草原局数据显示，2019 年云南省森林覆盖率同比增长 2.1 个百分点，达到 62.4%；森林蓄积量同比增加 0.5 亿立方米，达到 20.2 亿立方米；湿地保护率同比提高了 6.43 个百分点，达到 52.96%；草原综合植被覆盖度达到 87.9%。4 个集中连片特困地区 85 个贫困县（市、区）森林覆盖率 58.55%，全省森林覆盖率 59.7%。数据表明，云南省集中连片特困地区含有丰富的森林资源，拥有发展森林旅游的广阔前景和有利条件。以下内容概述了云南省集中连片特困地区的自然保护区和森林公园的森林旅游资源条件。

（1）自然保护区

根据统计结果，云南省集中连片特困地区共有 113 个自然保护区，其中国家级自然保护区有 20 个、省级自然保护区有 28 个、市级自然保护区有 43 个、县级自然保护区有 22 个，滇桂黔石漠化区、乌蒙山区和滇西边境山区和四省藏区自然保护区数量分别有 14 个、24 个、71 个和 4 个，国家级自然保护区数量分别有 2 个、6 个、11 个和 1 个，如表 3－6、表 3－7 所示。

表 3－6　云南省集中连片特困地区自然保护区数量

单位：个

片区名称	国家级	省级	市级	县级	总计
滇桂黔石漠化区	2	5	2	5	14
乌蒙山区	6	3	8	7	24
滇西边境山区	11	17	33	10	71
四省藏区	1	3	0	0	4
总计	20	28	43	22	113

表 3－7　云南省集中连片特困地区国家级自然保护区

单位：个

片区名称	国家级自然保护区名称	总计
滇桂黔石漠化区	大围山国家级自然保护区、文山国家级自然保护区	2
乌蒙山区	药山国家级自然保护区、轿子山国家级自然保护区、大山包黑颈鹤国家级自然保护区、乌蒙山国家级自然保护区、会泽黑颈鹤国家级自然保护区、长江上游珍稀特有鱼类国家级自然保护区（云南段）	6

（续）

片区名称	国家级自然保护区名称	总计
滇西边境山区	高黎贡山国家级自然保护区、永德大雪山国家级自然保护区、哀牢山国家级自然保护区、黄连山国家级自然保护区、金平分水岭国家级自然保护区、西双版纳纳板河流域国家级自然保护区、苍山洱海国家级自然保护区、云龙天池国家级自然保护区、无量山国家级自然保护区、西双版纳国家级自然保护区、南滚河国家级自然保护区	11
四省藏区	白马雪山国家级自然保护区	1
总计		20

资料来源：《云南年鉴 2020》、国务院扶贫办 2012 年 6 月 14 日发布的《关于公布全国连片特困地区分县名单的说明》。

（2）国家森林公园

如表 3－8 所示，云南省集中连片特困地区国家森林公园共 18 个，其中滇桂黔石漠化区、乌蒙山区、滇西边境山区和四省藏区国家森林公园数量分别有 2 个、2 个、13 个和 1 个。

表 3－8　云南省集中连片特困地区国家森林公园

单位：个

片区名称	国家森林公园名称	总计
滇桂黔石漠化区	观音山国家森林公园、博吉金国家森林公园	2
乌蒙山区	钟灵山国家森林公园、天星国家森林公园	2
滇西边境山区	澜沧国家森林公园、墨江国家森林公园、五老山国家森林公园、双江古茶山国家森林公园、永仁金沙江国家森林公园、鲁布革国家森林公园、宝台山国家森林公园、灵宝山国家森林公园、巍宝山国家森林公园、清华洞国家森林公园、弥渡东山国家森林公园、章凤国家森林公园、新生桥国家森林公园	13
四省藏区	飞来寺国家森林公园	1
总计		18

资料来源：《云南年鉴 2020》、国务院扶贫办 2012 年 6 月 14 日发布的《关于公布全国连片特困地区分县名单的说明》。

3.2.2　云南省集中连片特困地区森林旅游发展模式

结合搜集的文献资料和实地调研的情况，将云南集中连片特困地区森林旅游发展模式分为“景区带村”“企业入村”“农户主导”三种模式。

(1)“景区带村”模式

“景区带村”模式是依靠核心景区的旅游资源和稳定的客源市场带动景区内部或周边的乡村发展旅游的一种模式，这种模式通过挖掘乡村特有的旅游资源吸引核心景区游客，带动乡村旅游业发展和农民就业增收，如苍山大峡谷石门关景区和南涧彝族自治县无量山镇德安山花村。“景区带村”模式的特点是景区介入规划农户经营，有良好的管理和经营，如景区规划零售点向农户出租摊位、景区收购或租赁农村闲置资源规划旅游等。

苍山大峡谷石门关景区（图 3-3）通过整合政府、企业资金，加大森林旅游投入带动扶贫。大理漾濞苍山石门关旅游开发集团有限公司正循序渐进地对景区进行生态修复式规划与开发，预计投资 16.5 亿元，在资金筹措、旅游产品开发、市场营销等方面引导市场多元投入，破解政府在建设、经营上的短板。目前景区按 AAAAA 级景区标准规划建设，包括中国西部独有的体验型高空栈道和世界高差最大的旅游客运索道在内的 1 个游客中心，2 条旅游景观公路，7 大游览、休闲、度假旅游片区，3 大配套服务设施。同时景区招聘周边居民，参与景区业态经营。据了解景区 70%员工的基础岗位是本地居民，极大程度上促进了周边农户增收致富。

图 3-3 苍山大峡谷石门关景区风景图

（王梦月 摄）

南涧彝族自治县无量山镇德安山花村（图 3-4）依靠无量山国家级自然保护区的特色优势展开脱贫攻坚工作。2012 年，随着无量山樱花谷引爆南涧旅游产业井喷式发展，山花村围绕国家 AAAA 级旅游景区标准和国家级特色小镇标准，争取到财政资金近600万元实施配套项目建设。主要修建了进村公路，全面改造农村危房，拆除破旧房屋，建设党员活动室、活动场所等基础设施。2016年度实施省民族团结进步示范区“十百千万”工程示范创建点——羊圈房民族团结进步示范村建设项目，投资100万元进行村内道路青石板硬化、路灯安装、住房质量提升、民族文化元素提炼等内容建设。如今的山花村不但有人间仙境般的迷人景观，还有名声在外的古茶树群，全村共分布有古茶树3 800多棵，最大的树龄已达600年以上。该村家家户户都有挂牌保护的古茶树，户户都采摘制作古树茶，成品茶价格最高的可卖到1 800元/千克，村民茶收入年均达3万多元。除此之外村民还可以通过餐饮、民宿、核桃、野生菌、就近务工等增加收入，该村目前平均每户年收入超过了5万元。

图3-4　山花村风景

（任红颖　摄）

（2）“企业入村”模式

“企业入村”模式是旅游企业对有森林旅游资源的乡村地区进行开发和利用，通过吸纳农户等其他利益主体进行经营，打造出具有当地特色的具有吸引力和竞争力的服务或旅游项目，以此来带动乡村地区经济的发展，如漾濞彝族自治县苍山西镇光明村（图3-5）。“企业入村”模式的特点是资金投入较多，旅游资源集中管理，各种旅游相关配套设施相对完备。

漾濞彝族自治县苍山西镇光明村又名“核桃村”，近年来由于核桃收入下降，光明村结合当地特色转入发展森林旅游。2015年开始，光明村引入旅游

图 3-5 光明村简介

（邱守明 摄）

开发企业发展乡村森林旅游。光明村的鸡茨坪自然村具有良好的生态环境，发展乡村旅游的优势明显。该村采取“土地入股、核桃树入社、产品入网、院子入景、劳力入园”的做法，着力振兴产业。鸡茨坪农户承包期内的 10 多公顷土地经营权流转给公司进行合作，农户收入达 400 多万元。该村还将古树核桃交由合作社统一管护运营，依托核桃产业，村级集体经济突破 20 万元。村里还成立了电商服务中心，2018 年销售额达 200 多万元。依靠公司带动，周边农户 75 人实现就近就地就业，群众增收 180 多万元。光明村打好历史文化、核桃文化、民族文化、农耕文化和饮食文化“五张牌”，着力振兴文化，留住乡愁。立足漾濞省级历史文化名城这个优势，讲好云龙桥、唐标铁柱、史迪威公路、博南古驿等历史遗存背后的故事，挖掘开发好“商旅古道”的资源价值；开发古树核桃品牌价值，守住中国最美田园、国家级生态旅游文化村、云南省旅游特色村、首批中国重要农业文化遗产“云南漾濞核桃—作物复合系统”遗产地、全国美丽乡村建设试点村等系列荣誉；开发挖掘彝族、白族、傈僳族等 5 个民族的风土文化，开发和保护好特有传统民居、民族服饰、民族祭祀等文化元素；开发挖掘好犁、耙、镰、磨、牛等农耕文化元素，留住传统农业文化；做优美食产业，推出核桃宴、卷粉、火腿、烤全羊等彝家美食，助力乡村旅游①。

① 资料来源：李庚昌，熊贵才．“五五模式”打开乡村振兴之门［N/OL］．云南日报，2019-06-13［2022-10-13］．https：//yndaily.yunnan.cn/html/2019-06/13/content_1284807.htm? div=-1。

（3）“农户主导”模式

“农户主导”模式即在政府、市场等因素的推动下让有一定资源的农户自主开发乡村旅游，形成一定的经济效益，带动更多的村民跟进，从中获得利益，构建乡村旅游利益共同体，如南华县咪依噜风情谷。“农户主导”模式的特点是借助农户闲置的生产资料和生活资料，就地取材，利用自有固定资产，旅游投入成本低，经营灵活，经济收入较高。

咪依噜风情谷属于彝族聚居区，该地旅游发展依托当地的自然环境和彝族村落，以优美的田园风光和彝族风情为主要旅游吸引物，由最初仅为旅游者提供饮食的农家乐和农家乐联合体发展到集休闲、娱乐等为一体的乡村旅游目的地。该地乡村旅游以当地农户经营为主，旅游发展模式由当地村民自主选择，旅游经济效益基本留在当地。旅游经营中，由当地居民主导，政府只提供政策和资金支持（任开荣，2010）。

3.2.3 云南省森林旅游发展现状及潜力

旅游业是集中连片特困地区经济增长的突出贡献力量。云南省作为我国旅游发展起步较早的地区之一，因自然资源丰富、民族文化多样等特点吸引着世界各地游客的目光。根据历年云南省统计年鉴数据，全省 2018 年实现旅游总收入 8 991.44 亿元，2019 年实现旅游总收入 11 035.2 亿元，同比增长 22.73%；2018 年实现游客总人数 68 847.80 万人次，2019 年实现游客总人数 80 716.79 万人次，同比增长 23.40%（表 3－9）。

表 3－9　2014—2019 年云南省旅游收入和游客人数

指标	2014 年	2015 年	2016 年	2017 年	2018 年	2019 年
收入/亿元	2 665.74	3 281.79	4 726.25	6 922.23	8 991.44	11 035.2
游客人数/万人次	28 647.55	32 914.03	43 119.71	57 339.81	68 847.80	80 716.79

资料来源：云南省统计局．云南统计年鉴 2020 [M]．北京：中国统计出版社，2020。

森林旅游可以将自然资源保护和产业扶贫很好地结合在一起。在云南旅游业蓬勃发展的趋势下，森林旅游拥有广阔的发展平台。2018 年，云南省林业总产值为 2 853 021 万元，其中湿地产业产值 31 049 万元、林业生产服务产值 205 356 万元、林业旅游与休闲服务产值 1 508 562 万元、林业生态服务产值 196 033 万元。2018 年，云南省林业旅游人次达 5 037 万人次，比上年增长 15.1%；旅游收入达 1 508 562 万元，比上年增长 29.8%，如表 3－10 所示。2015—2018 年，云南省林业旅游收入与云南省旅游总收入的比重分别是 0.208 7%、

0.170 5%、0.153 0%和0.167 8%，可以发现林业旅游在云南省旅游业的占比逐年增大。

表3-10 2015—2018年云南省林业旅游发展情况

指标	2015年	2016年	2017年	2018年
林业旅游人次/万人	3 745	4 045	4 275	5 037
林业旅游收入/万元	684 769	805 866	1 058 894	1 508 562
林业旅游人均花费/元	183	199	248	299
直接带动的其他产业产值/万元	396 903	428 018	929 378	651 939
林业旅游收入/旅游总收入×100%	0.208 7%	0.170 5%	0.153 0%	0.167 8%

资料来源：国家林业和草原局．中国林业和草原统计年鉴2019［M］．北京：中国林业出版社，2021。

3.2.4 云南省集中连片特困地区森林旅游发展制约因素

（1）森林旅游发展潜力有待挖掘

在云南省集中连片特困地区区域，虽然有58.55 %的森林覆盖率，分布着18个国家森林公园、9个省级森林公园、20个国家级自然保护区和28个省级自然保护区，但是其中AAAAA级景区只有3个、AAAA级景区31个。整体来看，森林旅游培育、发展不充分；已开展森林旅游的景区，也存在资金投入不足、产品吸引力小、游客数量少等问题，没能充分发挥森林旅游的发展潜力。

（2）部分有森林旅游发展潜力的地区发展意愿不强或能力不足

虽然部分地区的旅游部门有发展森林旅游的意愿，但是林业部门因开发建设受政策约束较多而相对保守，发展意愿不强，不能有效配合旅游部门推动森林旅游发展；还有一些地区虽然有发展森林旅游的意愿，但是受制于对政策的不熟悉、缺少资金制定规划、本地管理人员能力不足等因素，在森林旅游开发、规划等业务上缺乏经验及专业指导，无法找到森林旅游发展的路径。

（3）资金、人力、技术等要素支撑条件有待进一步完善

森林旅游目的地资金匮乏导致森林旅游基础设施薄弱，难以满足旅游者的需求，同时也降低了景区对外招商引资的能力和自我发展的能力；随着城镇化发展的加快和人口老龄化的加剧，农村青壮年劳动力和人才流失严重，在无劳动力或弱劳动力的情况下，即使当地有较好的森林旅游资源，也不能得到合理利用；森林旅游的经营管理或服务人员，缺乏必要的森林旅游基础知识、专业

技能及经营管理经验，导致旅游产品开发单一且服务品质较低。

（4）农户参与森林旅游发展能力弱

在已经发展森林旅游的景区周边，农户参与森林旅游发展的意愿较强，但是普遍存在能力不足、资金有限、参与渠道狭窄等问题，如果没有政府、企业或合作社的组织及引导，多呈现出自发参与、规模小、无法形成规模效应等现象。除极少数家庭位置优越的农户能够获得较好收益外，其他农户要么根本无法参与森林旅游发展，要么即使参与收益也极其有限，难以通过森林旅游发展有效带动家庭增收。

4 案例地选择、数据收集及描述性统计

4.1 案例地选择

云南集中连片特困地区的滇桂黔石漠化区、乌蒙山区、滇西边境山区和四省藏区，国家级自然保护区数量分别有 2 个、6 个、11 个和 1 个；国家级森林公园分别有 2 个、2 个、13 个和 1 个；AAA 级及以上旅游景区分别有 8 个、12 个、45 个和 7 个。综合国家级自然保护区、国家级森林公园和 AAA 级及以上旅游景区数量，将云南省 4 个集中连片特困地区做对比，得出森林旅游资源滇西边境山区最多，乌蒙山区第二，滇桂黔石漠化区次之，四省藏区最少，如表 4-1 所示。

表 4-1 云南省集中连片特困地区森林旅游资源

单位：个

类型	滇桂黔石漠化区	乌蒙山区	滇西边境山区	四省藏区
国家级自然保护区	2	6	11	1
国家级森林公园	2	2	13	1
AAA 级及以上旅游景区	8	12	45	7
总计	12	20	69	9

从云南省 4 个集中连片特困地区贫困人口占比来看（表 4-2），滇西边境山区各县建档立卡贫困户占总片区的 39.03%，建档立卡贫困人口占 40.12%，乡村人口占 48.47%，少数民族人口占 64.92%；乌蒙山云南片区各县建档立卡贫困户占总片区的 40.78%，建档立卡贫困人口占 41.76%，乡村人口占 31.65%，少数民族人口占 9.29%；四省藏区的迪庆片区各县建档立卡贫困户占总片区的 3.04%，建档立卡贫困人口占 1.90%，乡村人口占 1.27%，少数民族人口占 2.51%；滇桂黔石漠化区云南片区各县建档立卡贫困户占总片区的 17.15%，建档立卡贫困人口占 16.21%，乡村人口占 18.61%，少数民族人口占 19.6%。总结得到滇西边境山区和乌蒙山区云南片区有“四多”现象：资金投入多，减贫脱贫成果多，但同时建档立卡贫困户多，最低生活保障人数

也多。这两个片区的总人口占总片区的 80.26%，乡村人口占 80.12%，少数民族人口占 74.21%，建档立卡贫困户占 79.81%，建档立卡贫困人口占 81.88%，这表明滇西边境山区和乌蒙山区是云南省脱贫攻坚的重点（董晓波 等，2018）。

表 4-2　云南省 4 个集中连片特困地区贫困人口占比

单位：%

片区名称	各片区占 4 个片区的比例			
	少数民族人口	乡村人口	建档立卡贫困人口	建档立卡贫困户
滇桂黔石漠化区	19.6	18.61	16.21	17.15
乌蒙山区	9.29	31.65	41.76	40.78
滇西边境山区	64.92	48.47	40.12	39.03
四省藏区	2.51	1.27	1.90	3.04

资料来源：董晓波，王海燕，王云美，等．云南省精准扶贫综合评价研究［J］．西南农业学报，2018，31（6）：1323。

综上所述，根据研究内容和研究目的，选择森林旅游资源较为丰富的滇西边境山区和乌蒙山区作为调研云南省集中连片特困地区的两个片区。结合云南省森林旅游资源，将 4 个集中连片地区的森林旅游资源做对比，选择两个片区内森林覆盖率较高，自然保护区、森林公园和旅游景区等森林旅游资源较为集中的大理白族自治州和昭通市作为本次研究的案例地，这两个地区分别处于滇西边境山区和乌蒙山区，具有不同的自然地理空间特征，因此具有一定的代表性和典型性。

4.1.1　滇西边境山区案例地发展情况

在滇西边境山区选取大理白族自治州的云龙天池国家级自然保护区和苍山洱海国家级自然保护区，以及无量山国家级自然保护区作为研究区域。

（1）云龙天池国家级自然保护区旅游资源概括

云龙天池国家级自然保护区（图 4-1）位于云南省西北部大理白族自治州云龙县境内，南北长约 45 千米，东西宽约 14 千米，总面积 14 475 公顷，1983 年正式批准建立，是云南省最早建立的省级自然保护区之一。

云龙县文化旅游业经济数据主要来源于旅游，以天池国家级自然保护区、云龙国家级森林公园等区域生态保护和修复为重点，实施生物多样性保护重大工程，深入推进“森林云龙”建设。2021 年上半年，云龙县共接待游客 63.440 5 万人次，同比增长 87%；实现旅游总收入 81 448.54 万元，同比增长 44%。其中：接待海外游客 22 万人次，同比增长 175%；接待过夜游客 14.87 万人次，同比下降 5%；接待一日游游客 48.57 万人次，同比增长 167%。

作者团队调研了云龙天池国家级自然保护区的大浪坝高原草甸附近的村民

图 4-1 云龙天池国家级自然保护区风景
（王梦月 摄）

（图 4-2），位于云龙县功果桥镇海沧村。大浪坝草甸海拔 2 500 米，面积约 700 亩①，与周边的环境形成典型的高原森林、草甸和湿地复合生态系统，构建了良好的生态环境。海沧村村民依托大浪坝草甸，开发农家乐、野炊和露营等特色森林旅游项目，有效地提高了经济收入。

图 4-2 海沧村调研情形
（邱守明 摄）

（2）苍山洱海国家级自然保护区旅游资源概括

苍山洱海国家级自然保护区位于大理白族自治州境内，由苍山、洱海两部

① 亩为非法定计量单位，1 亩=1/15 公顷。

分组成，地跨大理、洱源、漾濞等地，1993 年升级为国家级自然保护区，总面积 797 公顷。

本部分选取苍山大峡谷景区周边的光明村（图 4－3）和金牛村（图 4－4）进行实地调研。苍山大峡谷石门关景区，位于苍山西坡漾濞县苍山西镇境内，是苍山洱海国家级自然保护区的重要组成部分，于 1993 年被评定为省级风景名胜区，于 2017 年被评定为国家 AAAA 级旅游景区。

图 4－3　光明村风景

（邱守明　摄）

图 4－4　金牛村调研情形

（邱守明　摄）

苍山大峡谷石门关景区作为苍山洱海旅游大环线上新开发的旅游吸引物，是供给侧结构性改革的新成果，创出了“规划、建设、整改、创A、运营”五个协调推进和景区村“精准扶贫”的新经验。景区接待人数和营收同步跨越增长，从2014年接待游客3.11万人次、实现收入32.53万元，跨越发展到2017年接待游客19.5万人次、实现收入2 654.38万元，景区3年接待人数增长5倍、营收增长7倍。据景区负责人介绍，景区推动了周边光明村和金牛村的乡村旅游示范村建设，实现了景区带村，景区内有90%的基础岗位是本地居民，带动了周边村民脱贫致富和县域经济跨越发展。

（3）云南无量山国家级自然保护区旅游资源概括

云南无量山国家级自然保护区位于普洱市景东彝族自治县和大理白族自治州南涧彝族自治县的结合部，主要保护对象是黑西冠长臂猿及其栖息环境，2020年被评定为国家级自然保护区。

本部分选取无量山樱花谷景区周边的德安村和山花村进行实地调研。无量山樱花谷（图4-5），位于南涧彝族自治县无量镇德安村境内，面积约2 000亩，旅游淡旺季分明，旺季在每年11—12月。景区免费向游客开放，有指定的摊位向附近村民招租，可以销售农产品和手工制品等；附近村民依托景区开发农家乐和住宿等森林旅游休闲项目。山花村位于无量山樱花谷脚下，依托无量山自然资源优势，将村庄打造为美丽休闲乡村。山花村为了改善人居环境，修葺了水泥公路、步道、观景台等基础设施，村民发展农家乐，为游客提供餐饮和民俗等服务，极大程度地提高了当地村民的经济收入。

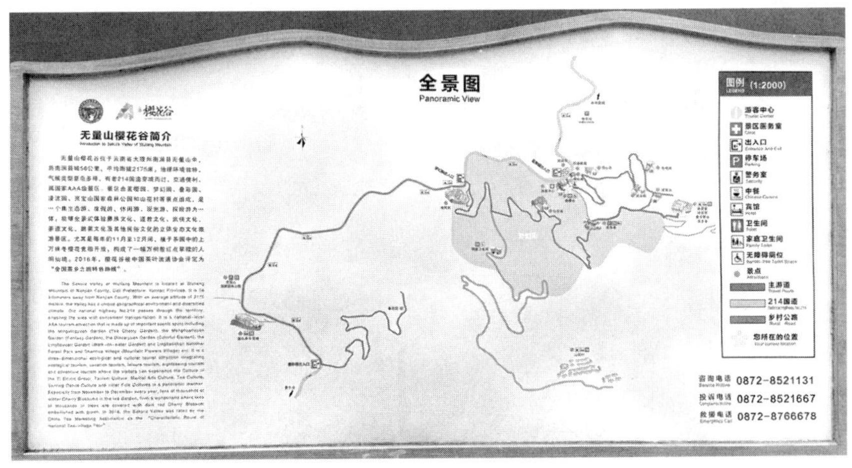

图4-5　无量山樱花谷简介

（任红颖　摄）

4.1.2 乌蒙山区云南地区案例地发展情况

在乌蒙山区云南地区选取昭通市的小草坝省级风景名胜区、大山包黑颈鹤国家级自然保护区和马楠苗族彝族乡作为研究区域。

（1）小草坝省级风景名胜区

小草坝省级风景名胜区属于乌蒙山国家级自然保护区，位于彝良县东北部，总面积为44.36公顷。根据《彝良县小草坝风景名胜区总体规划（2021—2035年）》，景区规划旅游服务设施用地为15.12公顷、占风景区总面积0.003%，居民社会用地6.84公顷、占风景区总面积0.002%。景区挖掘村庄特色，保护村庄传统风貌，适当发展民族文化展示、民俗体验、民宿与餐饮等项目；引导社区积极发挥自身生态与文化优势；结合新农村建设，完善村落公共服务设施、基础设施，整治村落环境。

（2）大山包黑颈鹤国家级自然保护区

大山包黑颈鹤国家级自然保护区位于昭通市昭阳区西部的大山包乡（图4-6），面积3 150公顷，是中国黑颈鹤单位面积数量分布最多的保护区，是诸多河流的发源地，属长江上游金沙江水系，景区内有高山沼泽草甸。高山沼泽是黑颈鹤主要的栖息地域，而沼泽化草甸湿地亦具有典型性和代表性，已被列入中国重要保护湿地名录。

实地调研选取了大山包黑颈鹤国家级自然保护区（图4-7），以及保护区周边的马路村、合兴村、车路村和大山包村。

图4-6　大山包黑颈鹤国家级自然保护区风景

（王梦月　摄）

图 4-7 大山包黑颈鹤国家级自然保护区调研情形
（全俞霖 摄）

（3）马楠苗族彝族乡

马楠苗族彝族乡位于昭通市永善县中部，最高海拔 2 700 米。依托当地自然资源和民族风情特色优势，永善县因地制宜发展马楠苗族彝族乡驻地马楠村乡村旅游（图 4-8、图 4-9），改善了乡村环境，建设了游客服务中心、观景台、厕所及停车场等基础设施，建设了露营宿地星空小屋和观光步行栈道。同时，招商引资建设了云上草原核心景区，依托高山自然生态与苗家人文生态共荣共生的原生态淳朴美好世界，打造了马楠山万亩草场生态休闲旅游体验区文旅融合产业。连续五年举办了马楠乡苗族花山节，“云上草原·浪漫马楠”乡村旅游品牌影响力不断扩大。2020 年 5 月，马楠村被云南省文化和旅游厅评为“云南省旅游名村”。

图 4-8 马楠村风景
（全俞霖 摄）

图 4-9　马楠村调研情形
（任红颖　摄）

4.2　数据收集

根据研究内容和研究目的，本书设计的调查问卷总共分为五个部分：第一部分为社区农户自身属性即性别、年龄、受教育程度、健康状况等家庭基本信息情况调查；第二部分对社区农户参与森林旅游发展的现状及未参与森林旅游农户的参与意愿进行了调查；第三部分为农户家庭收入变化情况调查，其中涉及经营性收入、转移性收入、财产性收入和工资性收入的调查；第四部分为农户要素配置变化调查，主要涉及土地变化、资本变化、技术变化及劳动力变化的调查；第五部分为农户生计资本情况调查，其中包括人力资本、物质资本、自然资本、金融资本和社会资本的调查。

为确保问卷的信度与效度水平，本书于 2021 年 7 月 21 日对云南省昆明市安宁市青龙峡景区进行了预调查，调查对象主要是青龙峡景区周边的赵家庄村农户，调查后对问卷进行了修改和完善。2021 年 8 月 2—6 日正式的调研工作在滇西边境山区进行，调研地点包括大理白族自治州的漾濞县、云龙县和南涧县 3 个县城，调研对象为苍山洱海国家级自然保护区、云龙天池国家级自然保护区、无量山国家级自然保护区内及周边行政村的村委会和村民，共搜集到调查问卷 100 份、访谈内容 4 份；乌蒙山区的调研时间是 2021 年 9 月 22—26 日，调研地点包括昭通市的彝良县、昭阳区和永善县 3 个县（区），调研对象为大山包黑颈鹤国家级自然保护区、小草坝省级风景名胜区、马楠彝族苗族乡内及周边行政村的村委会和村民，共搜集到调查问卷 140 份、访谈内容 6 份。通过与当地县政府及村委会人员的访谈，了解案例地旅游扶贫工作开展情况及存在的问题，为研究的开展提供思路。

农户的家庭基本特征如表 4-3 所示。参与森林旅游发展的 114 户农户中，户主性别为女的有 19 户，占比 16.7%；未参与森林旅游发展的 126 户农户中，户主性别为女的有 20 户，占比 15.9%。参与森林旅游发展的农户，户主平均年龄为 46.01 岁；未参与森林旅游发展的农户平均年龄较大，为 47.63 岁。参与森林旅游发展的少数民族农户有 49 户，占比 43%；未参与森林旅游发展的农户少数民族农户有 45 户，占比 64.3%。参与森林旅游发展的农户家庭户主文化程度均值为 7.6 年，未参与森林旅游发展的农户家庭户主文化程度为 5.92 年。参与森林旅游和未参与森林旅游发展的农户家庭劳动比例为 0.656 和 0.621，相差不多。参与森林旅游发展的农户家庭户主为技能劳动力的有 16 人、占比 14%，为普通劳动力的有 89 人、占比 78.1%；未参与森林旅游发展的农户家庭户主为技能劳动力的有 5 人、占比 4%，为普通劳动力的有 107 人、占比 84.9%，由此可知户主是技能劳动力的农户更容易参与森林旅游发展。参与森林旅游发展的农户家庭现在有或曾经有村干部的占比 11.4%，远高于未参与森林旅游发展的农户家庭（占比 6.4%）。参与森林旅游发展农户居住地到景区距离的均值为 1 676.77 米，未参与森林旅游发展农户居住地到景区距离的均值为 1 966.67 米。参与森林旅游发展农户居住地到公路距离为 186.7 米，未参与森林旅游发展农户居住地到公路距离为 126.9 米。参与森林旅游发展的农户居住在景区内的有 49 户，占比 43%；未参与森林旅游发展的农户居住在景区内的有 59 户，占比 46.8%。

表 4-3 家庭基本特征表

变量名称		参与森林旅游农户（$N=114$）				未参与森林旅游农户（$N=126$）			
		频数	百分比	均值	标准差	频数	百分比	均值	标准差
户主性别	男	95	83.3	—	—	106	84.1	—	—
	女	19	16.7			20	15.9		
户主年龄	岁	—	—	46.01	8.897	—	—	47.63	12.694
户主民族	少数民族	49	43	—	—	45	64.3	—	—
	汉族	65	57			81	35.7		
户主文化程度	年	—	—	7.6	3.352	—	—	5.92	3.971

（续）

变量名称		参与森林旅游农户（N=114）				未参与森林旅游农户（N=126）			
		频数	百分比	均值	标准差	频数	百分比	均值	标准差
劳动力比例	%	—	—	0.656	0.199 8	—	—	0.621	0.225 8
户主劳动能力	无劳动力	3	2.6	—	—	3	2.4	—	—
	弱劳动力	6	5.3			11	8.7		
	普通劳动力	89	78.1			107	84.9		
	技能劳动力	16	14			5	4.0		
村干部	没有	101	88.6	—	—	118	93.7	—	—
	现在有	8	7.0			7	5.6		
	曾经有	5	4.4			1	0.8		
居住地到景区距离	米	—	—	1 676.77	2 623.1	—	—	1 966.67	2 238.2
居住地到公路距离	米	—	—	180.7	583.75	—	—	126.9	350.7
居住地地理位置	景区内	49	43	—	—	59	46.8	—	—
	景区外	65	57	—	—	67	53.2	—	—

4.3 描述性统计

4.3.1 总体参与情况

本书把依托自然保护区自营、自然保护区内打工、租出土地房屋给他人或景区间接参与森林旅游的农户定义为参与森林旅游发展户，反之定义为未参与森林旅游发展户。在本次调研的 240 户农户家庭中，参与森林旅游发展的农户有 114 户，占调查农户的 47.5%；未参与森林旅游发展的农户有 126 户，占调查农户的 52.5%。

4.3.2 参与森林旅游农户情况

（1）参与森林旅游农户的参与方式

调研中发现，参与森林旅游发展的农户家庭中经营餐饮的比重最大，总共有 51 户，占比 32.5%；农户家庭成员在景区工作的有 29 户，占比 18.5%，其中包括景区管理人员、导游、司机、保洁、保安、表演人员等；经营商铺和住宿的农户，分别有 27 户，每类占比 17.2%；租出土地房屋给他人或景区间接参与森林旅游的有 9 户，占比 5.7%；通过其他方式参与森林旅游发展的有 14 户，占比 8.9%，包括在景区周边卖农产品、在农家乐或酒店打工、参与森林旅游方面的集体经济等，如图 4－10 所示。

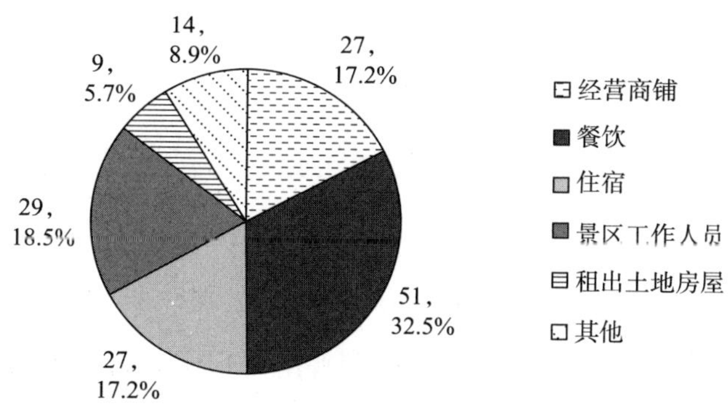

图 4－10　参与森林旅游农户的方式及比例

（2）参与森林旅游农户的发展原因

通过调研可以发现，农户参与森林旅游发展的原因主要是地理位置好，比如调研中位于漾濞县的光明村，依托苍山自然保护区和石门关景区大力发展森林旅游，2019 年实现旅游收入近 200 万元，通过石门关景区公司带动，周边 73 户农户中有 75 人实现就近就业，增收 180 多万元。其次是农户有土地、有房屋和有资金，可以投资建造农家乐和酒店。占比相对较大的还有旅游收入高这一原因，比如位于石门关景区门口经营商铺和农家乐的调研对象说“本来在外地打工，后来景区红火了就回村经营农家乐，因为不仅收入高，而且可以在家里照顾老人，以后也要让在外地打工的儿子回来一起经营”。在景区上班的农户参与森林旅游发展大多数是因为有渠道、有人脉，表现为被景区占用土地之后景区提供就业机会，或者认识的景区管理人员提供岗位。家里有劳动力，且劳动力有空余时间参与旅游，也是农户参与森林旅游的原因。另外农户参与森林旅游还有不用外出打工、响应政策号召等其他原因，如图 4－11 所示。

4.3.3　未参与森林旅游农户情况

（1）未参与森林旅游农户的参与意愿

目前没有参与森林旅游发展的 126 户农户中，今后有参与意愿的有 79 户，

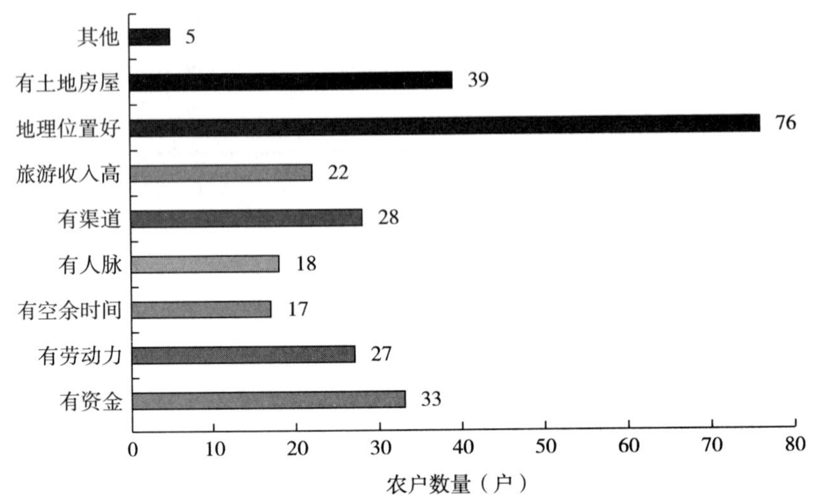

图 4－11　参与森林旅游农户的发展原因及户数

占比 62.7%，没有参与意愿的有 47 户，占比 37.3%，说明未参与森林旅游的农户参与意愿较强，如图 4－12 所示。

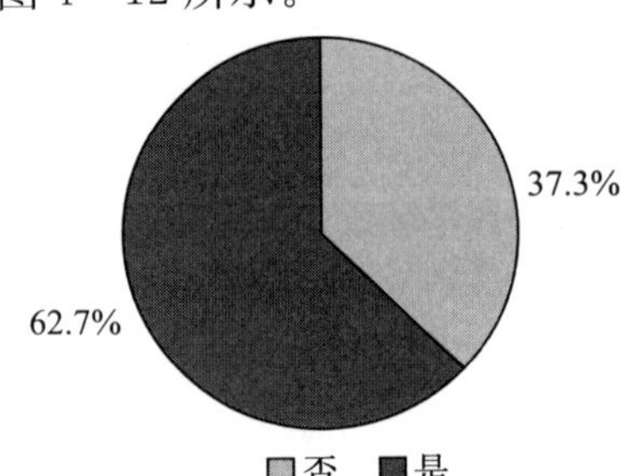

图 4－12　未参与森林旅游农户参与意愿比例

今后有意愿参与森林旅游的 79 户农户中，大部分想要经营餐饮（占比 51.2%），其次是经营住宿和经营商铺（分别占比 22.3%、14.9%）。少部分农户愿意到景区里当保安、保洁等（占比 8.3%），另外有 4 户意愿租出土地房屋给其他人或景区发展森林旅游（占比 3.3%），如图 4－13 所示。

（2）农户未参与森林旅游的原因

通过调研发现，大部分农户未参与森林旅游发展主要是因为没有资金，126 户未参与森林旅游的农户中没有借贷机会的有 31 户（占比 24.6%），大多数即使有借贷机会也因利息太高、怕还不上等原因选择不去借贷；没有劳动力也是农户未参与森林旅游的主要原因，农户家庭中的劳动力多数在外打工；还有较多农户因为地理位置不好而无法参与森林旅游，主要表现为距离景区和公

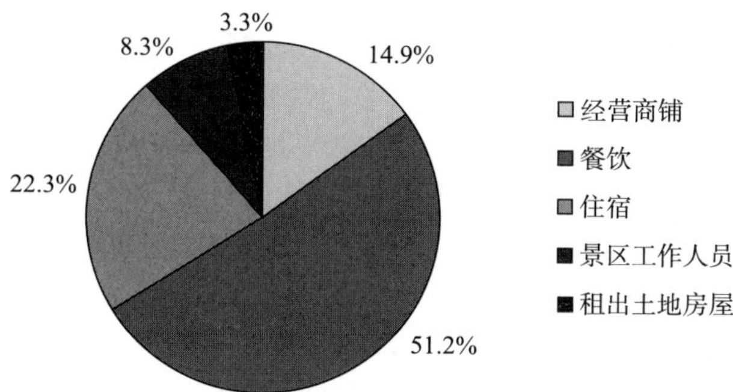

图 4-13 未参与森林旅游农户的方式及比例

路较远；一些农户觉得没有空余时间、旅游收入太低；一些农户因为长期务农或者有着稳定的工作岗位表示没有空余时间参与森林旅游的发展；还有一些农户认为周边的森林旅游发展情况不是很好，且具有季节性，旅游收入较低所以不参与森林旅游发展；另外还有 17 户农户认为人脉是经营森林旅游的优势，没有人脉就没有客源，所以没有参与森林旅游；没有土地房屋、专业知识不够、没有渠道等原因也制约了农户参与森林旅游的发展；其他原因还有家里危房改造没有审批下来、没有能力、房子在建、不准改建，如图 4-14 所示。

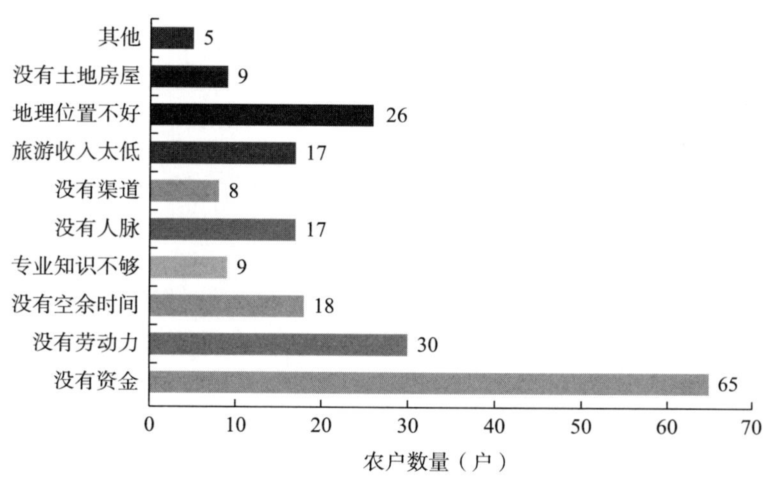

图 4-14 未参与森林旅游农户的原因及户数

4.3.4 生产要素配置变动描述性统计

由表 4-4 可知，2015 年参与森林旅游农户自有耕地面积的均值为 8.247

亩，未参与森林旅游农户自有耕地面积均值为 14.802 亩，表明拥有较少耕地面积的农户更容易把森林旅游作为新的生计选择，2015 年参与森林旅游农户自有林地面积的均值为 13.591 亩，未参与森林旅游农户自有林地面积均值为 13.565 亩，参与森林旅游农户和未参与森林旅游农户自有林地面积平均值差值较小。参与森林旅游农户 2015 年投资额均值为 24 321.43 元，未参与森林旅游农户的投资额均值为 13 765.7 元，投资额越大表明风险承受能力越高，也就更愿意参与森林旅游。

对比 2015 年和 2019 年中介变量，参与森林旅游农户自有耕地面积均值提高了 2.74 亩，未参与森林旅游农户自有耕地面积均值下降了 3.121 亩；参与森林旅游农户自有林地面积均值下降了 2.536 亩，未参与森林旅游农户自有林地面积均值提高了 5.383 亩；参与森林旅游农户投资额均值提高了 259 125.27 元，未参与森林旅游农户投资额均值提高了 3 207 元，参与森林旅游农户投资额明显高于未参与森林旅游农户投资额。参与森林旅游农户技能培训次数均值提高了 1.49 次，未参与森林旅游农户技能培训次数提高 0.19 次，参与森林旅游农户家庭旅游就业占比提高到了 49％。

表 4－4　生产要素配置变动描述性统计

年份	变量名称	参与森林旅游农户（N＝112）			未参与森林旅游农户（N＝128）		
		极大值	极小值	均值	极大值	极小值	均值
2015	耕地面积（亩）	120	0	8.247	150	0	14.802
	林地面积（亩）	200	0	13.591	730	0	13.565
	投资额（元）	1 070 000	0	24 321.43	5 000 000	0	13 765.7
	技能培训次数（次）	0	0	0	1	0	0.01
	旅游就业占比（％）	0.67	0	0.149	0	0	0
2019	耕地面积（亩）	250	0	10.990 4	150	0	11.681
	林地面积（亩）	100	0	11.055	730	0	18.948
	投资额（元）	4 100 000	0	283 446.7	600 000	0	16 972.7
	技能培训次数（次）	36	0	1.49	3	0	0.19
	旅游就业占比（％）	1	0	0.490 68	0	0	0

4.3.5　农户生计资本情况

基于可持续生计分析框架，本书运用极差标准化法对原始数据进行了标准化，运用熵权法获得指标权重，最后得出每一种资本的量化标准值（丁慧敏等，2019），具体公式如下：

$$T = w_j x_{ij}$$

其中：T 为农户生计资本量化标准值，w_j 为第 j 项指标的权重，x_{ij} 为第 i 户 j 项指标标准化值。

（1）农户总体生计资本状况

如表 4－5 所示，根据可持续生计资本的指标量化，森林旅游目的地社区农户五大生计资本值排名为社会资本（S）＞人力资本（H）＞金融资本（F）＞物质资本（P）＞自然资本（N），生计特征呈现社会资本、人力资本较好，物质资本和自然资本较差的组合特征。

表 4－5　农户总体生计资本维度量化标准值

生计资本维度	均值	标准误	排名
人力资本（H）	0.011 1	0.028 8	2
物质资本（P）	0.004 4	0.004 6	4
金融资本（F）	0.008 3	0.008 1	3
自然资本（N）	0.004 2	0.013 4	5
社会资本（S）	0.021 4	0.044 8	1

随着森林旅游的发展，森林旅游目的地的基础设施建设得到了迅速的发展，医疗和教育条件都有所改善，而不断发展带来的技术、资金流入也让农户视野打开，探索更多生计的可能性，这极大地促进了人力资本发展。如表 4－6 所示，金融资本虽然排名靠前，但是家庭年收入量化标准值均值仅 0.002 4，说明农户具有较少可以流动的家庭储蓄，即农户受自身能力、从业条件及外在因素限制，家庭收入有限；借贷机会（F_2）量化标准值较高，说明随着森林旅游的发展，农户对借贷款的主观感知和意愿较为强烈，金融服务的可及性较高，贷款渠道增多。社会资本中，是否参加农民合作协会或合作社（S_1）、是否有亲戚或朋友在政府机关和企事业单位任职（S_3）量化标准值较高，主要表现为社会网络支持较好，农民参与合作协会或合作社热情高涨，但邻里信任度（S_2）量化标准值较低，这表明农户在森林旅游发展过程中获取的收益不对等，容易出现内部分裂或关系不和等现象，部分农户被边缘化，农户各自之间的矛盾与冲突凸显，邻里意识被削弱。物质资本可反映农户物质水平的高低，物质资本的各项指标量化标准值都比较低，说明农户容易受到土地政策的制约，一些农户无法扩建房屋或改建房屋，还有一些参与森林旅游的农户只能在自己的宅基地上经营，导致经营规模无法扩大。自然资本不高可以解释为在

保护区制定的相关保护政策中，农户对于自然资源的利用具有很大阻碍，同时可能需要承担生物多样性保护所带来的农林经营损失。

表 4-6　农户总体生计资本指标量化标准值

生计资本维度	生计资本指标	均值	标准误
人力资本（H）	劳动力比例（H_1）	0.003 4	0.001 1
	户主受教育程度（H_2）	0.008 2	0.004 6
	户主健康水平（H_3）	0.011 9	0.027 3
	户主劳动能力（H_4）	0.002 6	0.000 7
	是否获得技能培训机会（H_5）	0.029 6	0.053 8
物质资本（P）	房屋总面积（P_1）	0.001 6	0.004 5
	家庭固定资产（P_2）	0.004 2	0.002 0
	住房结构（P_3）	0.007 3	0.004 9
金融资本（F）	家庭年收入（F_1）	0.002 4	0.004 4
	借贷机会（F_2）	0.014 2	0.006 6
自然资本（N）	耕地面积（N_1）	0.004 8	0.011 3
	林地面积（N_2）	0.003 6	0.015 3
社会资本（S）	是否参加农民合作协会或合作社（S_1）	0.031 5	0.048 6
	邻里信任度（S_2）	0.002 4	0.000 6
	是否有亲戚或朋友在政府机关和企事业单位任职（S_3）	0.029 3	0.054 5

（2）生计资本差异分析

在得出森林旅游目的地社区农户的生计资本总特征后，对参与森林旅游农户和未参与森林旅游农户进行对比分析，生计资本标准量化结果如表 4-7、表 4-8 所示。

表 4-7　参与森林旅游农户和未参与森林旅游农户生计资本维度标准量化差异比较

生计资本维度	参与森林旅游发展	未参与森林旅游发展	T 检验
人力资本（H）	0.014 4	0.008 2	3.767 0***
物质资本（P）	0.004 4	0.004 3	0.174 0
金融资本（F）	0.009 4	0.007 3	2.86***
自然资本（N）	0.003 6	0.004 8	−0.968 0
社会资本（S）	0.023 9	0.019 2	1.393 0

注：*、**、***分别表示在 10%、5%、1%水平上显著。下同。

表 4-8 参与森林旅游农户和未参与森林旅游农户生计资本指标标准量化差异比较

生计资本维度	生计资本指标	参与森林旅游发展	未参与森林旅游发展	T 检验
人力资本（H）	劳动力比例（H_1）	0.003 4	0.003 3	1.074
	户主受教育程度（H_2）	0.009 3	0.007 2	3.514***
	户主健康水平（H_3）	0.009 8	0.013 7	−1.108
	户主劳动能力（H_4）	0.002 7	0.002 5	1.996**
	是否获得技能培训机会（H_5）	0.046 8	0.014 1	4.919***
物质资本（P）	房屋总面积（P_1）	0.001 7	0.001 5	0.275
	家庭固定资产（P_2）	0.004 8	0.003 7	4.561***
	住房结构（P_3）	0.006 7	0.007 8	−1.752*
金融资本（F）	家庭年收入（F_1）	0.003 3	0.001 5	3.234***
	借贷机会（F_2）	0.015 4	0.013 0	2.877***
自然资本（N）	耕地面积（N_1）	0.004 6	0.005 0	−0.302
	林地面积（N_2）	0.002 6	0.004 6	−0.980
社会资本（S）	是否参加农民合作协会或合作社（S_1）	0.032 6	0.030 4	0.360
	邻里信任度（S_2）	0.002 4	0.002 4	−0.082
	是否有亲戚或朋友在政府机关和企事业单位任职（S_3）	0.035 4	0.023 8	1.659*

人力资本差异显著，主要体现在参与森林旅游农户的受教育程度（H_2）、是否获得技能培训机会（H_5）及户主劳动能力（H_4）显著高于未参与森林旅游农户。其中，参与森林旅游农户受教育程度（H_2）量化标准值 0.009 3 显著高于未参与森林旅游农户 0.007 2（$p<0.01$），参与森林旅游农户是否获得技能培训机会（H_5）量化标准值 0.046 8 显著高于未参与森林旅游农户 0.014 1（$p<0.01$），参与森林旅游农户户主劳动能力（H_4）量化标准值 0.002 7 显著高于未参与森林旅游农户 0.002 5（$p<0.05$）。

物质资本中，参与森林旅游农户的房屋总面积（P_1）、家庭固定资产（P_2）这两项量化标准值均高于未参与森林旅游农户，未参与森林旅游农户的住房结构（P_3）指标值高于参与森林旅游农户，但是房屋总面积（P_1）差异不显著，参与森林旅游农户家庭固定资产（P_2）量化标准值 0.004 8 显著高于未参与森林旅游农户 0.003 7（$p<0.01$），未参与森林旅游农户住房结构量化标准值 0.007 8 显著高于参与森林旅游农户 0.006 7（$p<0.1$）。这说明有更多房屋的农户有更多的空间场地开展森林旅游服务，交通工具的使用为经营者带

来了更加迅速的物资供应和游客接送服务；另一方面，参与森林旅游农户从旅游中获得收入后也更愿意投资房屋建设、家庭交通工具及设施设备。

金融资本差异显著，参与森林旅游农户家庭年收入（F_1）和借贷机会（F_2）显著高于未参与森林旅游农户。其中，参与森林旅游农户家庭年收入（F_1）量化标准值0.003 3显著高于未参与森林旅游农户0.001 5（$p<0.01$），参与森林旅游农户借贷机会（F_2）量化标准值0.015 4显著高于未参与森林旅游农户0.013 0（$p<0.01$）。马奔等（2017）采用Hecman模型分析发现，参与旅游发展的家庭农户收入显著高于未参与旅游发展的家庭农户，而且参与旅游发展的家庭农户人均非农收入比未参与的高64.2%。姚海琴等（2016）认为旅游有助于农户收入水平的提高，参与旅游经营的农户收入比未参与的农户每年能高约7万元，而且旅游全职型农户的收入要大于兼职型的农户收入，这说明森林旅游的确能够提高农户的收入，从而改善农户的生计水平。

自然资本未参与森林旅游农户高于参与森林旅游农户，但差异不显著。研究结果显示，未参与森林旅游农户的耕地面积（N_1）量化标准值0.005 0高于参与森林旅游农户0.004 6，未参与森林旅游农户的林地面积（N_2）量化标准值0.004 6高于参与森林旅游农户0.002 6，这表明拥有较少耕地的农户更倾向开展森林旅游经营。由此可以认为，拥有较少耕地的农户在农林经营生计策略的选择上处于劣势，发展森林旅游之前，他们偏向选择外出务工的生计策略，这些经历锻炼了他们的工作技能和商业敏感度，比纯务农的农民更快捕捉森林旅游带来的商机，只要其他条件具备，就会立即投身森林旅游中去。另外，调研发现参与森林旅游的家庭随着经营业务的发展越来越无暇顾及土地，很多农户选择转让或退耕还林。

社会资本中，参与森林旅游农户的是否参加农民合作协会或合作社（S_1）、是否有亲戚或朋友在政府机关和企事业单位任职（S_3）这两项指标均高于未参与森林旅游农户，是否有亲戚或朋友在政府机关和企事业单位任职（S_3）在10%水平上显著，但是是否参加农民合作协会或合作社（S_1）差异不显著。这说明掌握更多社会资本的农户更容易参与森林旅游，具有广泛社会资源的农户更勇于尝试开展农家乐等形式的森林旅游。

5 森林旅游扶贫效应研究

5.1 理论分析与研究假设

5.1.1 森林旅游影响农户收入

第一，依托当地森林资源发展森林旅游可以加快农村产业升级，由单一的传统农业向经营森林旅游项目转移，从而转变农户的生计方式，降低家庭收入第一产业比重，增加第二、第三产业占比，实现农户持续增收。第二，森林旅游具有较强产业联动性，可以带动当地餐饮、住宿、交通、康养、林副产品、木材加工等产业发展，使社区农户直接或间接地参与森林旅游，从而拓宽增收渠道、提高收入水平。第三，森林旅游不仅可以转移农村剩余劳动力，也可以转移农村劳动力闲暇时间。森林旅游属于劳动密集型服务业，对于劳动力的文化水平、专业经验等要求不高，因此可以大量吸收农村的剩余劳动力，部分农户也可以利用农歇时间从事森林旅游相关工作，从而增加收入。第四，发展森林旅游业能改善当地社区的交通、电力、教育、卫生、通信、医疗等基础设施，推动森林旅游及相关产业的迅速发展，从而吸引更多的游客，从而达到增加农户收入的目的。基于理论分析，提出以下假设：

H1：森林旅游发展可以促进农户增收。

5.1.2 家庭生产要素配置影响农户收入

农户家庭土地要素的合理配置可以提高土地利用效率，进而促进农户收入增长。随着农户从事农业生产机会成本的增加，具有农业生产比较优势的农户将通过转入农地实现适度规模经营，提升农地经营的边际收益，实现农户经营性收入的增长。相反，基于家庭收益最大化目标的考量，具有非农就业比较优势的农户将转出土地以获取租金收入，释放的劳动力实现非农就业转移以获取工资性收入；与农户家庭土地生产要素相比，劳动力生产要素具有较高的流动性，将农户家庭劳动力生产要素进行合理配置可以较大程度增加农户收入。具有农业生产比较优势的农户更加重视农业生产并投入更多的劳动力以提高农业劳动力边际产出和经营性收入。因农业生产具有季节性，而非农就业可以增加更多单位时间的净收益，所以近些年农村劳动力倾向于选择外出打工的方式在非农领域就业，提高家庭劳动力配置效率以此提高收入水平。农户资本要素指农户通过直接和间接的方式投入劳务生产过程中的中间产品和金融性资产。农户生产经营所需的大量资金主要依赖农户的个体投资，农户的投资水平直接影响生产经营的规模，农户的投资方向也决定了农户生产结构，进而影响产出水平和总体收入；农户的技能要素可以整合土地、劳动力、资本要素配置，并影响土地、劳动力、资本要素配置创新，促进资源配置更大程度优化，提高生产效率达到增收。

5.1.3 森林旅游发展影响农户家庭生产要素配置变动

从农村经济来源分析，我国农村居民的收入可以分为四个部分：财产性收入、转移性收入、经营性收入和工资性收入。森林旅游通过优化农户生产要素配置间接影响各部分收入，从而实现增收，本书构建“森林旅游发展-家庭生产要素配置变动-农户收入变化”的理论分析框架，如图 5-1 所示。

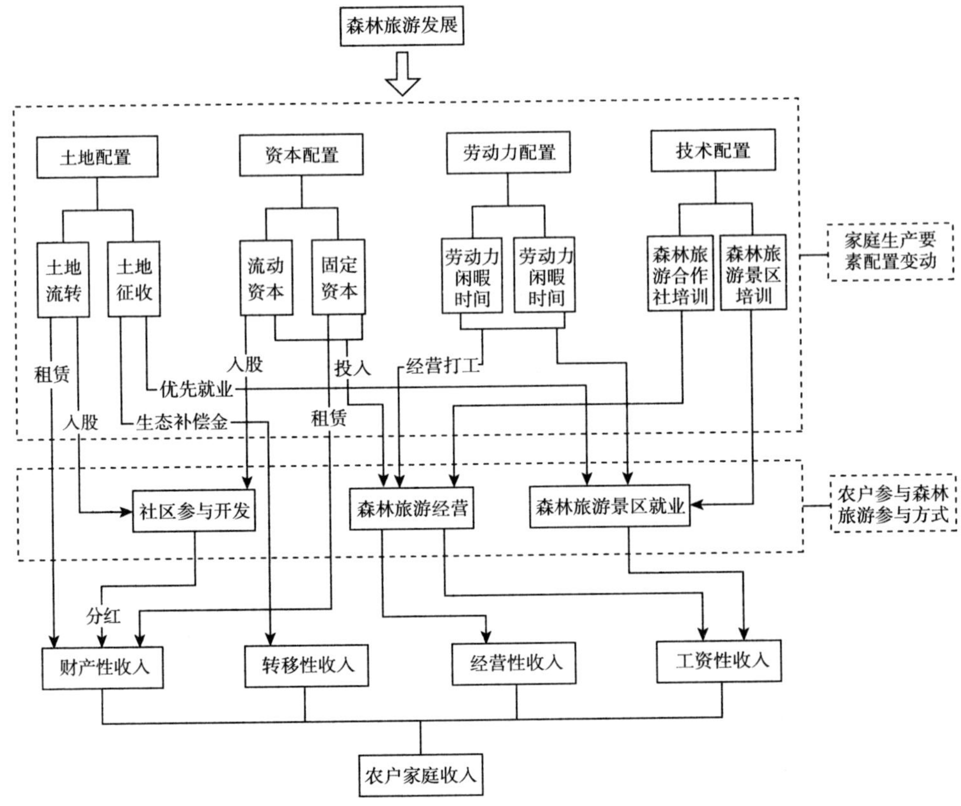

图 5-1 “森林旅游发展-家庭生产要素配置变动-农户收入变化”理论分析框架

随着农户从事农业生产机会成本的增加，具有农业生产比较优势的农户家庭将通过转入农地实现适度规模经营，带动农户家庭经营性收入增长；相反，基于家庭收益最大化目标的考量，具有非农就业比较优势的农户家庭将转出土地以获取租金收入，释放的劳动力实现非农就业转移以获取工资性收入（耿鹏鹏，2020；仇童伟 等，2015；许庆 等，2017）。森林旅游发展后，农户家庭土地要素配置变动主要体现在两个方面：一是土地流转，农户家庭可对拥有的土地、林地承包权进行流转以发展森林旅游项目，从而影响农户家庭财产性收入；二是土地征收，对于森林旅游景区及基础设施用地征用，农户家庭会得到征地补偿，部分景区会对被征收土地的农户家庭发放社区反哺资金，使农户家庭获得转移性收入。为此提出如下假设：

H2：森林旅游发展后，农户家庭通过变动耕地要素配置正向影响家庭收入。

H3：森林旅游发展后，农户家庭通过变动林地要素配置正向影响家庭收入。

农户生产经营所需资金主要依赖农户家庭的投资，其中投资水平会影响生产经营规模，投资方向决定了农户家庭生产结构，进而影响农户家庭收入（何仁伟 等，2017；钱龙 等，2018）。森林旅游发展后，农户家庭资本要素配置变动主要体现在两个方面：第一，农户家庭投入固定资本与流动资本从事农家乐、采摘园、销售土特产等经营活动，带动经营性收入增长；第二，通过资金或土地经营权入股的方式直接获得财产性收入。为此提出假设4：

H4：森林旅游发展后，农户家庭通过变动资本要素配置正向影响家庭收入。

具有农业生产比较优势的农户家庭更加重视农业生产并投入更多劳动力以提升农业劳动力边际产出，实现经营性收入增长（钱龙 等，2016）；相反，具有非农就业比较优势的农户家庭倾向于选择外出打工等方式在非农领域提高家庭劳动力配置效率，以此增加工资性收入（徐晶 等，2020）。森林旅游发展后，农户家庭劳动力要素配置变动体现在两个方面：第一，农户家庭可将剩余劳动力配置在森林旅游景区为周边农户提供的工作岗位上，从而提升家庭工资性收入；第二，农户家庭可在农歇时间将劳动力配置在森林旅游相关经营性活动上，以增加家庭经营性收入。为此提出假设5：

H5：森林旅游发展后，农户家庭通过变动劳动力要素配置正向影响家庭收入。

农户的技能要素可以整合土地、劳动力、资本要素配置，并影响土地、劳动力、资本要素配置创新，促进资源配置更大程度优化，提高生产效率达到总体收入增长（郭素芳 等，2017）。森林旅游发展后，农户家庭技能要素配置变动主要体现在两个方面：第一，森林旅游合作社合理引导农户家庭开展森林旅游经营活动，并提供技能培训，从而带动农户家庭经营性收入增长；第二，在景区工作的农户家庭成员可接受景区提供的管理、技能等方面的培训和训练，个体能力得以提升，有机会获得工资性收入的增长。为此提出假设 6：

H6：森林旅游发展后，农户家庭通过变动技能要素配置正向影响家庭收入。

5.1.4 森林旅游发展模式异质性分析

结合各案例地区域特征，将云南集中连片特困地区森林旅游发展模式分为景区带村、企业入村和农户主导。不同森林旅游发展模式对村民生产要素配置起到不同的带动作用，进而产生不同程度的增收效应，因此提出假设 7：

H7：森林旅游发展给农户带来的增收效应受发展模式影响。

5.2 模型选择

采用 PSM-DID 来评估森林旅游发展的增收效应。PSM-DID 由 Heckman 等（1997）首次提出，在此之前学术界广泛采用倾向得分匹配模型（PSM）或者双重差分模型（DID）评价政策和项目成效（蔡进 等，2019）。PSM 和 DID 具有天然的互补性，PSM 无法处理由不可观测变量引发的内生性问题，当存在不可观测变量影响时，可以用 DID 代替 PSM 通过差分法解决内生性问题，但运用 DID 必须满足平行趋势假设这一前提条件，在不满足平行趋势假设的情况下可以借助 PSM 方法，构造一个与参与森林旅游农户具有平行趋势的未参与森林旅游农户，有效降低样本选择性偏差对分析结果带来的影响（王璇 等，2021）。结合本书的研究目的，由于森林发展产生的增收效应存在多种不可观测变量，且农户因家庭生计资本存在显著差异，不满足平行趋势假设，故适合运用 PSM-DID 的方法进行评估。

首先，运用倾向得分匹配法将样本划分为参与森林旅游农户和未参与森林旅游农户，参与森林旅游农户为参与森林旅游发展的自然保护区农户，未参与森林旅游农户为未参与森林旅游发展的自然保护区农户。PSM 的核心思想是选取一系列可观测匹配变量，根据 Logit 模型计算样本为参与森林旅游农户的条件概率即倾向得分，从而将多维匹配变量降为一维变量，然后根据倾向得分来匹配参与森林旅游农户和未参与森林旅游农户（周迪 等，2019）。进而采用双向固定效应差分模型来验证假说 1：

$$Y_{it} = \alpha_0 + \alpha_1 \cdot treat_i \cdot post_t + \sum \alpha_x \cdot X_{it} + \gamma_i + \mu_i + \varepsilon_{it} \tag{5-1}$$

模型（5-1）中，Y_{it}为自然保护区农户 i 在第 t 年的增收效应；$treat_i$ 为参与森林旅游农户虚拟变量，用以区分参与森林旅游农户和未参与森林旅游农户，参与森林旅游农户=1，未参与森林旅游农户=0；$post_t$ 为处理期虚拟变量，用以区分参与森林旅游农户政策实施前后，参与森林旅游之前=0，参与森林旅游之后=1；$treat_i \cdot post_t$ 交互项为该模型关注的核心变量，代表着参与森林旅游农户在处理期的真正效应；X_{it}为一系列控制变量；γ_i 为个体固定效应；μ_i 为时间固定效应；ε_{it}为非观测的随机干扰项；α_0、α_1 和 α_x 为各项的系数。

森林旅游发展可以通过改变家庭生产要素配置来实现自然保护区农户增收。因此，为验证 H6，本书采用 Baron & Kenny（Baron R M 等，1986）提出的逐步回归法进行中介效应检验，在模型（5-1）的基础上构建中介效应模型，模型如下：

$$M_{it} = \beta_0 + \beta_1 \cdot treat_i \cdot post_t + \sum \beta_x \cdot X_{it} + \gamma_i + \mu_i + \varepsilon_{it} \tag{5-2}$$

$$Y_{it} = \theta_0 + \theta_1 \cdot treat_i \cdot post_t + \theta_2 \cdot M_{it} + \sum \theta_x \cdot X_{it} + \gamma_i + \mu_i + \varepsilon_{it} \tag{5-3}$$

M_{it}代表中介变量，检验步骤如下：首先检验模型（5-1）回归系数 α_1 的显著性，反映的是自变量对因变量的总效应；在 α_1 显著的基础上，检验模型（5-2）中回归系数 θ_1 和模型（5-3）中回归系数 θ_2 ，如果两者都显著，表明间接效应显著，如果 θ_1 或 θ_2 不显著（或两者都不显著），表明自变量对因变量的影响不是通过该中介变量实现的；最后检验模型（5-3）中回归系数 θ_1 ，若 θ_1 显著表示该中介变量起到的是部分中介作用，若不显著表示该中介变量起到的是完全中介作用，即政策效应全部是通过该中介变量实现。

为验证 H7，在模型（5-1）的基础上建立三重差分模型，$Model_j$ 为森林旅游发展模式。

$$Y_{it} = \varphi_0 + \varphi_1 \cdot Model_j \cdot treat_i \cdot post_t + \varphi_2 \cdot Model_j \cdot treat_i + \varphi_3 \cdot Model_j \cdot treat_i + \varphi_4 \cdot Model_j \cdot treat_i + \sum \varphi_x \cdot X_{it} + \gamma_i + \mu_i + \varepsilon_{it} \tag{5-4}$$

5.3 指标选择

本书研究的重点是森林旅游发展给自然保护区农户带来的增收效应，因此反映农民收入水平的指标为本书的核心变量，考虑到其他社会经济因素也会影响到核心变量，本书还纳入其他控制变量进行分析，如表 5-1 所示。

（1）被解释变量

被解释变量 Y_{it} 代表农户收入水平，本书选取农户家庭人均总收入这一变量来衡量自然保护区农户的增收水平。

（2）核心解释变量

虚拟变量（*treat*）用于区分参与森林旅游农户和未参与森林旅游农户，参与森林旅游农户为参与森林旅游发展的自然保护区农户，赋值为 1；未参与森林旅游农户为没有参与森林旅游发展的自然保护区农户，赋值为 0。

（3）控制变量

控制变量为农户家庭特征，包括户主文化程度（C_1）、户主劳动能力（C_2）、户主健康状态（C_3）、家庭劳动力占比（C_4）、村干部任职情况（C_5）、亲戚或朋友在村镇政府机关任职情况（C_6）、居住地地理位置（C_7）、居住地到景区大门距离（C_8）、居住地到公路的步行距离（C_9）。

（4）中介变量

根据本书的研究设计，检验土地要素是否为森林旅游发展促进农户家庭增收的作用路径，选取农户家庭自有的耕地面积和林地面积作为检验指标；检验资本要素是否为森林旅游发展促进农户家庭增收的作用路径，选取固定资本投资额和流动资本投资额之和作为检验指标；检验劳动要素是否为森林旅游发展促进农民增收的作用路径，选取旅游劳动就业占比作为检验指标；检验技术要素是否为森林旅游发展促进农户家庭增收的作用路径，选取劳动力培训次数作为检验指标。

表 5-1　变量定义及描述性统计

变量类别	变量名称	变量定义	处理组			对照组		
			N	均值	标准差	N	均值	标准差
被解释变量	农户家庭人均可支配收入	总收入/家庭人口数	224	15 224.11	44 277.49	256	5 085.58	15 690.00
解释变量	森林旅游发展	是否参与森林旅游发展：是=1；否=0	112	—	—	128	—	—
控制变量	户主文化程度	年	112	7.60	3.35	128	5.92	3.97
	户主健康状况	1 健康　2 慢性病　3 大病　4 残疾	112	1.19	0.55	128	1.27	0.53
	家庭劳动力比例	劳动人数/总人数	112	0.66	0.20	128	0.62	0.23

（续）

变量类别	变量名称	变量定义	处理组			对照组		
			N	均值	标准差	*N*	均值	标准差
控制变量	户主劳动能力	0 无劳动力 1 弱劳动力 2 普通劳动力 3 技能劳动力	112	2.04	0.55	128	1.90	0.46
	村干部任职情况	0 没有 1 现在有 2 曾经有	112	0.16	0.47	128	0.07	0.48
	亲戚或朋友在村镇政府机关任职情况	0 没有 1 现在有 2 曾经有	112	0.27	0.45	128	0.18	0.39
	居住地地理位置	1 景区内 2 景区外	112	1.57	0.49	128	1.53	0.50
	居住地到景区大门距离	米	112	1 676.77	2 623.20	128	1 966.67	2 238.18
	居住地到公路的步行距离	米	114	180.70	583.75	126	126.90	350.60
中介变量	自有耕地	亩	224	9.62	25.281	256	13.24	22.57
	自有林地	亩	224	12.32	25.173	256	16.26	76.39
	资本投资	固定资本投资额+流动资本投资额	224	153 884.06	446 561.54	256	15 369.14	62 846.01
	技能培训	总次数/参与人数	224	1.08	3.870	256	0.10	0.427
	旅游就业	旅游就业时长/劳动力总时长	224	0.25	0.34	256	0	0

5.4 森林旅游发展增收效应研究

5.4.1 增收效应测度结果与分析

首先对数据进行多重共线性检验，多重共线性的典型表现为回归模型中的变量之间存在高度相关关系而使模型估计失真或难以估计准确。本书运用方差膨胀因子方法（Various Inflation Factor，VIF）进行检验，检验结果如表 5－2 所示，所有变量的 *VIF* 均小于 10，且 1/*VIF*（容差值）均大于 0.1，所以数据不存在多重共线性，可以进一步分析。

表 5－2　多重共线性检验结果

变量	VIF	1/VIF
C_7	1.34	0.745 756
C_8	1.33	0.753 318
C_2	1.22	0.822 176
C_4	1.20	0.831 928
C_5	1.18	0.850 912
C_6	1.16	0.859 307
C_3	1.15	0.872 693
C_1	1.11	0.900 094
C_9	1.10	0.910 287
DID	1.03	0.970 126
平均 *VIF*	1.18	

运用卡尺最近邻匹配方法匹配参与森林旅游农户和未参与森林旅游农户，各协变量得分匹配平衡性检验结果如表 5－3 所示，匹配后所有变量标准偏差绝对值均小于 10%，且明显小于匹配前的标准偏差，同时 T 检验结果均不显著，表明匹配后参与森林旅游农户和未参与森林旅游农户不存在显著性差异，满足平衡趋势假设。

表 5－3　平衡检验表

变量		均值		标准偏差	T 检验	
		参与森林旅游农户	未参与森林旅游农户	（%）	t	$p>t$
C_1	匹配前	7.625	5.919	46.5	5.06	0.000
	匹配后	7.449 5	7.688 2	－6.5	－0.72	0.473
C_2	匹配前	1.187 5	1.312 5	3.8	－2.22	0.027
	匹配后	1.183 5	1.227 5	－1.3	－0.81	0.420
C_3	匹配前	0.657 29	0.645 94	3.8	0.41	0.683
	匹配后	0.657 64	0.661 45	－1.3	－0.14	0.888
C_4	匹配前	2.044 6	1.894 5	29.8	3.28	0.001
	匹配后	2.036 7	1.993 8	8.5	0.92	0.357

（续）

变量		均值		标准偏差（%）	T检验	
		参与森林旅游农户	未参与森林旅游农户		t	$p>t$
C_5	匹配前	3.799 2	3.688 5	13	2.72	0.007
	匹配后	3.799 2	3.787	1.4	0.53	0.595
C_6	匹配前	0.267 86	0.187 5	19.2	2.11	0.035
	匹配后	0.247 71	0.255 55	−1.9	−0.19	0.851
C_7	匹配前	1.589 3	1.554 7	7.0	0.76	0.446
	匹配后	1.578	1.590 6	−2.5	−0.27	0.790
C_8	匹配前	1 688.8	1 959.4	−11.1	−1.22	0.223
	匹配后	1 692.2	1 728.6	−1.5	0.16	0.871
C_9	匹配前	166.96	131.95	7.3	0.81	0.418
	匹配后	171.56	159.85	2.4	0.25	0.802

图5－2与平衡检验结果保持一致，即所有协变量的标准偏差均小于10%，并且明显小于匹配前的标准偏差。

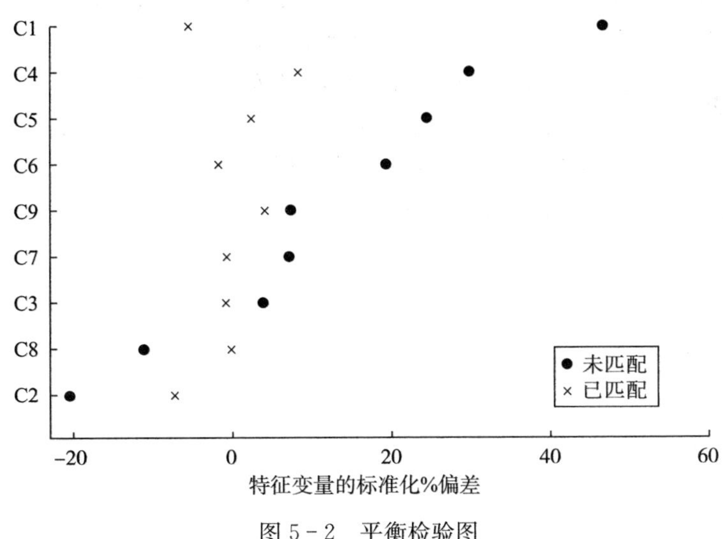

图5－2　平衡检验图

用核密度图5－3来直观体现两组倾向得分值在匹配前后是否存在差异性，如图匹配前两组间的核密度曲线偏差比较大，而匹配后核密度曲线比较接近，说明匹配效果好，可以进行下一步双重差分分析。

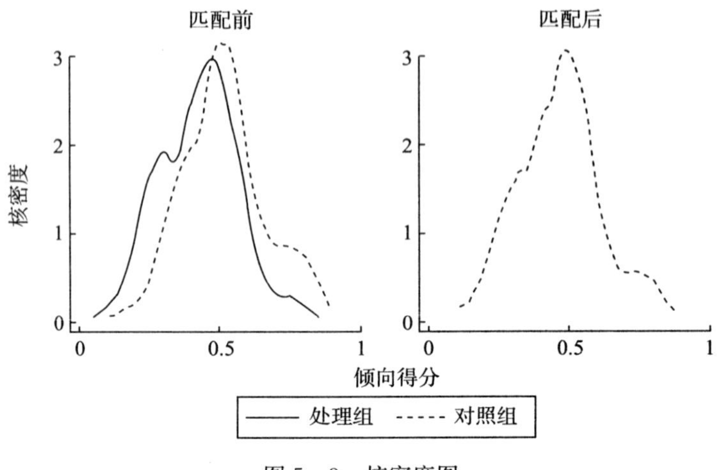

图 5－3　核密度图

通过 PSM 匹配到相似的参与森林旅游农户与未参与森林旅游农户样本后，剔除 12 个不匹配的观测值，采用模型（5－1）来评估森林旅游发展给农户带来的增收效应。表 5－4 中，Ⅰ列和Ⅱ列分别是没有加入控制变量和加入控制变量后的分析结果。结果表明，以 Y 作为解释变量时，无论是否加入控制变量，DID 系数均在 1%的水平上显著为正，表明发展森林旅游对农户家庭人均可支配收入起到正向促进作用。在未控制其他经济变量时，参与森林旅游农户家庭人均可支配收入高于未参与森林旅游农户家庭 103.15%；控制其他经济变量后，参与森林旅游农户家庭人均可支配收入高于未参与森林旅游农户家庭 101.36%。上述结果表明，森林旅游发展显著提高了农户家庭人均可支配收入，表明其具有增收效应，验证了 **H1**。

表 5－4　双重差分结果

变量	Ⅰ	Ⅱ
DID	10 315.4***	10 163.2***
	(3.53)	(3.56)
C_1		849.5**
		(2.82)
C_2		−3 121.1*
		(−2.50)
C_3		6 486.7*
		(2.38)

（续）

变量	Ⅰ	Ⅱ
C_4		1 208.8*
		(0.70)
C_5		2 470.0
		(1.50)
C_6		3 893.3
		(1.83)
C_7		1 359.7
		(0.72)
C_8		0.081 6**
		(0.72)
C_9		−4.391**
		(−3.17)
Cons	13 103.5***	2 766.6
	(11.98)	(0.46)
时间效应	YES	5.959***
个体效应	YES	(0.058)
R^2	0.061 8	0.113
N	468	468

注：*、**、***分别表示在10%、5%、1%水平上显著。下同。

5.4.2 增收效应作用路径结果与分析

通过上文的分析已验证森林旅游发展可以带动农户增收，那么实现增收的作用路径究竟是什么呢？本书基于“森林旅游发展-家庭生产要素配置变动-农户收入变化”理论框架，选取农户自有耕地（M_1）、农户自有林地（M_2）、农户资本投资（M_3）、农户技能培训（M_4）、农户旅游从业（M_5）五个中介变量，构建中介效应模型，采用逐步回归系数法进行验证，分析五个中介变量是否存在中介效应。

表5-5至表5-9分别为农户自有耕地（M_1）、农户自有林地（M_2）、农户资本投资（M_3）、农户技能培训（M_4）、农户旅游从业（M_5）变量的中介效应检验结果。

表5-5至表5-9中的第二列为模型（5-2）的回归结果，分别反映了农

户自有耕地（M_1）、农户自有林地（M_2）、农户资本投资（M_3）、农户技能培训（M_4）、农户旅游从业（M_5）等中介变量的直接效应，其中，从表 5-5 第二列的 DID 系数在 5%的水平上显著为正，表明发展森林旅游对农户耕地变动产生正向促进作用。同理，表 5-7、表 5-8、表 5-9 的 DID 系数均在 1%的水平上显著为正，表明发展森林旅游对农户投资额、农户技能培训次数、农户旅游从业人员变动量具有正向促进作用。表 5-6 中，DID 系数不显著，中介效应检验中断，表明森林旅游不会对农户林地变动产生影响，所以森林旅游发展带动农户增收并没有通过林地变动这一中介来实现，H3 不成立。

表 5-5 到表 5-9 中第三列为模型（5-3）的回归结果，反映了农户自有耕地（M_1）、农户自有林地（M_2）、农户资本投资（M_3）、农户技能培训（M_4）、农户旅游从业（M_5）等中介变量的间接效应，即重点关注的中介效应。其中，从表 5-5 第三列中可以看出，DID 系数和中介变量系数分别在 5%、10%显著为正，这说明森林旅游发展在推动农户增收的过程中，农户耕地变动会随着森林旅游的发展产生部分中介作用。同理，表 5-7 和表 5-8 中 DID 系数与中介变量系数都显著为正，表明农户投资、农户技能培训也具有部分中介效应。表 5-9 的中介变量系数显著为正，而 DID 系数不显著，说明农户旅游就业在森林旅游发展推动农户增收的过程中产生完全的中介作用。

为检验中介效应，采用系数乘积项检验法，原假设为 H_0：$\varphi_1 \times \beta_2 = 0$，若检验结果拒绝原假设，说明中介效应显著；反之，说明中介效应不显著；三个中介变量皆拒绝原假设，表明中介效应成立（何文剑 等，2021），验证了假设 H2、H4、H5、H6。

最后参考冯永琦等（2021）的计算方法估算中介效应，农户家庭耕地要素配置、农户家庭资本要素配置、农户家庭技能要素配置、农户家庭劳动力要素配置变动发挥的中介效应分别为 761.06（3.369 225.9）、4 391.41（256 807.60.017 1）、1 310.04（2.165 605.1）、10 697.28（0.47 422 568.1）。其中，农户家庭劳动力要素配置产生的中介效应最大，其次为农户家庭资本要素配置，农户家庭耕地要素配置与农户家庭技能要素配置产生的中介效应较小。

表 5-5 “自有耕地”变量的中介效应检验

变量	M_1	Y
DID	3.369**	9 615**
	(1.08)	(3.52)
M_1		225.9*
		(1.04)

（续）

变量	M_1	Y
C_1	−1.021***	816.8**
	(−3.77)	(2.71)
C_2	−1.089	−3 156.0*
	(−0.85)	(−2.53)
C_3	0.742	6 510.5*
	(0.26)	(2.38)
C_4	2.383*	1 285.1
	(2.48)	(0.75)
C_5	−1.562	2 420.0
	(0.86)	(1.46)
C_6	−0.634*	3 873.0
	(−0.23)	(1.82)
C_7	−9.884***	1 043.1
	(−4.28)	(0.53)
C_8	−0.000 098 9	0.078 4
	(−0.35)	(0.26)
C_9	−0.002 52	−4.310**
	(1.10)	(−3.05)
Cons	31.66***	3 780.9
	(5.77)	(0.61)
R^2	0.097 7	0.115
N	468	468

表 5－6 “自有林地”变量的中介效应检验

变量	M_2	Y
DID	−2.606	10 250.2***
	(−0.74)	(3.60)
M_2		33.41
		(1.12)
C_1	−1.080	885.6**
	(−0.78)	(2.90)

（续）

变量	M_2	Y
C_2	6.596	−3 341.4**
	(1.71)	(−2.64)
C_3	−1.663	6 542.2*
	(−0.25)	(2.47)
C_4	9.151*	903.0
	(1.03)	(0.52)
C_5	−5.805	2 664.0
	(−1.28)	(1.63)
C_6	11.85	3 497.3
	(1.05)	(1.59)
C_7	2.252	1 284.5
	(0.48)	(0.68)
C_8	0.001 58	0.028 7
	(1.25)	(0.09)
C_9	0.001 96	−4.456**
	(0.46)	(−3.31)
Cons	−10.83	3 128.4
	(−0.80)	(0.53)
R^2	0.024 6	0.123
N	468	468

表 5-7 “资本投资”变量的中介效应检验

变量	M_3	Y
DID	256 807.6***	5 767.2*
	(4.42)	(2.05)
M_3		0.017 1***
		(6.93)
C_1	827.1	835.3**
	(0.29)	(2.80)
C_2	−36 142.6*	−2 501.7*
	(−2.57)	(−2.02)

（续）

变量	M_3	Y
C_3	−5 174.6	6 575.4*
	(−0.22)	(2.34)
C_4	9 551.8	1 045.1
	(0.44)	(0.59)
C_5	73 489.3	1 210.6
	(1.24)	(1.61)
C_6	46 263.9	3 100.4
	(1.11)	(1.59)
C_7	48 096.8	535.5
	(1.48)	(0.30)
C_8	−3.560 6	0.142
	(−0.73)	(0.50)
C_9	−1.787	−4.360***
	(−0.07)	(−6.93)
Cons	−40 213.0	3 455.7
	(−0.72)	(0.56)
R^2	0.144	0.178
N	468	468

表 5-8 “技能培训”变量的中介效应检验

变量	M_4	Y
DID	2.165***	5 767.2*
	(4.39)	(2.05)
M_4		605.1**
		(2.68)
C_1	−0.005 13	846.4**
	(0.18)	(2.82)
C_2	0.209	−2 994.8*
	(1.01)	(−2.41)
C_3	−0.326	6 289.2*
	(−1.02)	(2.32)

（续）

变量	M_4	Y
C_4	−0.290	1 033.2
	(0.80)	(0.60)
C_5	−0.071 4	2 426.8
	(−0.42)	(1.46)
C_6	−0.265	3 732.8
	(−1.23)	(1.76)
C_7	−0.388	1 124.9
	(−1.34)	(0.61)
C_8	0.000 175	0.188
	(1.67)	(0.65)
C_9	0.000 820	−3.895**
	(0.98)	(−2.74)
Cons	0.835	−605.1**
	(1.17)	(−2.68)
R^2	0.158	0.119
N	468	468

表 5-9　“旅游就业”变量的中介效应检验

变量	M_5	Y
DID	0.474***	−1 113.4
	(14.43)	(−0.34)
M_5		22 568.1***
		(3.53)
C_1	0.001 14	873.1*
	(0.62)	(3.05)
C_2	0.009 44	−3 178.5*
	(0.53)	(−2.50)
C_3	−0.032 1	7 306.7**
	(−1.25)	(2.64)
C_4	0.022 0	684.6
	(1.49)	(0.42)

（续）

变量	M_5	Y
C_5	0.037 6	1 876.1
	(1.24)	(1.02)
C_6	0.009 99	2 901.0
	(−0.49)	(1.47)
C_7	−0.020 9	683.6
	(0.93)	(0.38)
C_8	−0.000 001 98	0.109
	(−0.32)	(0.40)
C_9	−0.000 003 85	−4.470**
	(0.15)	(3.25)
$Cons$	−0.069 7	4 348.9
	(−1.49)	(0.76)
R^2	0.606	0.148
N	468	468

5.4.3　森林旅游不同发展模式的增收效应异质性

由于样本中只包含了景区带村和企业入村两种发展模式，所以本书重点关注这两种发展模式对农户家庭的增收效应是否存在异质性，构建三重差分模型（Difference-in-Differences-in-Differences，DDD）对样本中 29 个企业入村和 211 个景区带村进行分析验证。

表 5-10 为异质性模型的回归结果，可以发现 DID 和 DDD 系数在 10%、1%的水平上显著，说明森林旅游发展为农户家庭带来的增收效应受发展模式影响具有异质性，验证了假设 7。DDD 系数为正数，说明景区带村发展模式的增收效应高于企业入村。

表 5-10　异质性分析结果

变量	$income_{it}$
DID	6 380.6*
	(2.57)
DDD	0.089 4***
	(4.82)

（续）

变量	$income_{it}$
C_1	898.2*
	(3.13)
C_2	−3 030.7*
	(−2.52)
C_3	6 264.8*
	(2.40)
C_4	820.9
	(0.47)
C_5	2 968.1
	(1.79)
C_6	4 027.5
	(1.94)
C_7	567.0
	(0.32)
C_8	0.187
	(0.62)
C_9	−3.645**
	(−2.70)
Cons	4 114.8
	(0.68)
时间效应	YES
个体效应	YES
R^2	0.159
N	468

5.5 研究结果

研究结果表明：第一，PSM-DID 结果中 DID 系数在 1%的水平上显著为正，表明发展森林旅游对农户家庭人均可支配收入起到正向促进作用，换言之，森林旅游发展显著提高了农户家庭人均可支配收入，具有增收效应。第二，森林旅游发展通过土地、资本、技术、人力这四个生产要素配置变动推动农户增长。中介效应检验中，M_1、M_3、M_4 的 DID 系数与中介变量系数都显著为正，表明耕地、农户投资、农户技能培训具有部分中介效应。M_5 中介变量系数显著为正，而 DID 系数不显著，说明农户旅游就业在森林旅游发展推动农户增收的过程中产生完全的中介作用。第三，农户旅游就业产生的中介效应最大，其次为农户资本投资，农户耕地与农户技能培训产生的中介效应较小。第四，森林旅游发展带动农户增收并没有通过林地变动这一中介来实现，M_2 的 DID 系数不显著，表明森林旅游发展后，农户家庭林地面积没有发生显著变动。第五，森林旅游发展为农户家庭带来的增收效应受发展模式影响具有异质性，景区带村发展模式的增收效应高于企业入村。

6 森林旅游返贫阻断机制研究

6.1 森林旅游目的地社区农户返贫风险的因素分析

通过对大量的文献进行梳理和归纳，学者们认为返贫现象是内部因素和外部因素相互作用的结果，本书认为农户返贫风险的内部因素包括知识技能缺乏风险、因病返贫风险、生计资本丧失风险、生计方式单一风险、社会网络瓦解风险，外部因素包括外部环境冲击风险、因灾返贫风险、生态环境恶化风险（郑瑞强，2016；田里 等，2021；耿新，2020；杨龙 等，2021；杨静凤，2020）。在内部因素和外部因素的共同作用下，农户的生计资本发生变化，返贫现象得以发生。在参考现有研究成果的基础上，结合实地调研发现的具体情况，对集中连片特困地区森林旅游目的地社区农户返贫风险进行分析。

6.1.1 内部因素

（1）知识技能缺乏风险

劳动技能和受教育水平低是农户返贫的重要内在因素。大多数农户受知识水平的限制，获取、利用信息和资源的能力相对不足，接受外部信息和新鲜事物的能力较差，难以适应并满足新形势下的发展要求。农户缺少必要的生产技能和实用技术技能，能够选择的生计方式有限，在市场经济中会面临自身竞争力不足的问题，从而制约了收入水平的提高。

（2）因病返贫风险

疾病是影响健康水平和就业发展的重要因素，因病返贫会导致农户家庭负担较高的医疗费用，严重影响家庭的生活水平和质量，很容易导致返贫。集中连片特困地区部分地区生存环境恶劣，疾病风险高，居民健康风险大是贫困发生率高的主要原因之一（吴本健 等，2021）。

（3）生计资本丧失风险

随着乡村建设的不断发展，部分农户可能会伴随着土地征收和房屋拆迁等形式的生计变化，这时他们通常会得到一笔征地补偿费用和房屋拆迁补偿款，在生计资本上表现为金融资本短时间上升、自然资本或物质资本减少，进而对以耕地等自然资本为主的农户传统生计构成了威胁，还有一些农户也因为征地拆迁补偿标准偏低导致“因建返贫”或“因房返贫”。有研究表明一次性的土地征收更有可能使农户返贫（罗鲜荣 等，2017）。

（4）生计方式单一风险

在生计方式单一的背景下，农户一旦遭遇环境变化，难以依靠其他生计抵御风险，返贫现象就会发生。仅从事传统农业活动的农户，在生产经营活动中不具备规避市场风险的能力与水平，因此会承受农产品价格波动、农产品市场需求变化等风险，收入存在较大的不稳定性，很容易造成返贫。

（5）社会网络瓦解风险

社会资本中，在当地发展的以互助合作和“集体活动”为主的产业中，会因为农户从中获取的收益不对等出现内部分裂或关系不和等现象，部分农户被边缘化，农户各自之间的矛盾与冲突凸显，邻里意识被削弱，进而导致抵御风险的能力减弱。

6.1.2 外部因素

（1）外部环境冲击风险

一般而言，外部环境冲击主要包括国际形势变化、公共卫生事件、恐怖主义活动等。2019 年 12 月以来突发的新冠肺炎疫情，使经济和社会生活遭受了严峻的挑战，受疫情影响，交通运输和物流受阻导致农产品滞销，农户参与生产活动及外出务工受到限制，还有一些企业出现经营困难的情况不得不减员减产，使得大量农户务工机会减少，农户收入水平受到极大的影响。

（2）因灾返贫风险

重大自然灾害如地震、滑坡和泥石流等为区域受灾群众带来生命与财产损失，如部分房屋和饮水设施受损、农作物受灾、家庭财产损失等，在农户自身抵御风险能力差的情况下很容易造成因灾返贫。

（3）生态环境恶化风险

集中连片特困地区多位于生态环境脆弱、自然灾害多发的地区，而产业发展可能会给当地生态系统带来一定风险，如资源的过度开发与浪费、环境污染、农户土地流失等，加剧了当地自然生态系统的脆弱性，导致自然灾害频发，使部分居民面临返贫风险。

6.2 可持续生计视角下农户返贫风险评估

6.2.1 返贫风险评价指标体系构建原则

（1）科学性原则

科学性是构建指标体系的基础原则。返贫风险评估指标体系的构建应借鉴国内外研究成果，以相应研究领域中较为成熟的理论为支撑，使指标的选取具备合理性；具体单项指标需要有清晰的界定，各项指标尽可能地采用通用的名称和计算方法，从而保证评估结果的客观性。

（2）系统性原则

返贫风险评估指标体系的各个维度应相互独立又相互联系，整合后构建成一个有机整体，同一指标在时间维度上具有纵向可比性，又具有总体评价体系的横向可比性，保证指标体系在时间和空间都有可比性、持续性。

（3）动态性原则

返贫风险评估指标体系的构建需要从动态发展角度去掌握，指标的选取上要能够度量森林旅游发展对农户未来生计的影响，这样才能有助于把握返贫风险的趋势，从而可以及时调整策略和方法。

（4）可获得性原则

在实际操作中，需要考虑所选指标数据获取的难易程度，切实考虑实地调研的可操作性和数据资料的可得性。本阶段研究对农户返贫风险先提出概念模型和测度方法，进一步根据实地调研得到的数据进行案例区域农户的返贫风险程度测算和分析。

6.2.2 返贫风险评价指标体系选取与构建

（1）指标体系建立依据

返贫风险不仅体现在贫困地区和贫困人口的收入重新跌入贫困线以下，更表现在脱贫人口的可持续脱贫能力不足，因此评估返贫风险不能仅考虑收入水平。生计这一概念相对于“生存”“收入”等更加宽广，对于贫困人口生存的复杂性描绘更细致。但是，生计资本本身的存在或拥有并不足以构成生计，仅用生计资本进行分析，使用现有的可持续生计框架对于复杂的现实情况并不能具有针对性和有效性。英国国际发展部提出的可持续生计框架，将农户看作是在一定脆弱性背景下，对其所拥有的生计资本进行组合从而追求有利的生计结果。从可持续生计框架视角来看，农户的返贫风险实质上是由生计资本和风险冲击共同作用下的结果，返贫可以视作由于已脱贫人口的生计资本存量低、能够选择的生计方式受到限制，导致其无法应对脆弱性背景中的自然风险和市场风险等外部环境的冲击，从而出现脱贫人口再度回到贫困状态的情况（张耀文 等，2019）。生计资本与生计策略是影响农户稳定脱贫的两大核心要素，而外部环境是农户家庭生计脆弱性问题产生的根源，因此将脆弱性背景和生计策略纳入农户返贫风险评价指标体系能够更加全面、科学地评估农户返贫风险。农户家庭所处的脆弱性背景、拥有的生计资本和选择的生计策略与其面临的返贫风险密切相关（表 6-1），不同类型的生计资本匮乏所面临的主要返贫风险也有所差异（苏芳 等，2021）。

表 6-1　可持续生计框架与返贫风险的主要对应关系

准则层	特征描述	返贫风险类型	返贫风险因素
脆弱性背景	农户生产生活所处的生计环境，包括冲击、趋势和季节性因素	外部因素	外部环境冲击风险、因灾返贫风险、生态环境恶化风险
人力资本	代表人们所拥有的知识储备、健康状况和劳动能力等	内部因素	知识技能缺乏风险、因病返贫风险
物质资本	农户用以维持生计的基本生产资料和基础设施		生计资本丧失风险、投资损失风险、经营失误风险（苏芳 等，2021）
金融资本	农户拥有的储蓄及获得的贷款和借款		
自然资本	农户用来保证生活的自然资源，如土地资源等		
社会资本	人们在追求生计目标的过程中所利用的社会资源，如社会关系、社会组织等		社会网络瓦解风险
生计策略	人们为了实现他们的生计目标而进行的活动和选择的范围与组合		生计方式单一风险

云南省集中连片特困地区自然灾害发生频度高、经济基础薄弱、贫困原因多样复杂，因此脆弱性背景是生计分析的基础。生计资本存量低且配置不合理、生计策略选择可行能力弱、生计途径单一或缺乏等原因，是造成贫困农户坠入“贫困陷阱”、形成贫困与生计脆弱恶性循环的根本原因。因此，本书在结合现有研究成果与可持续生计理论的基础上，根据案例地的实际情况对现有的可持续生计分析框架进行了一定的调整，该框架的主要内容包括森林旅游目的地社区农户的脆弱性背景、生计资本和生计策略。具体的指标体系构建如表 6-2 所示。

（2）返贫风险评价指标体系分层

可持续生计视角下森林旅游目的地社区农户返贫风险评价指标体系共分为三个层次。

第一层：目标层。这是构建指标体系的最终目的，即评判森林旅游目的地社区农户返贫风险的大小和程度。

第二层：准则层。共分为三个维度，分别是脆弱性背景、生计资本和生计策略，在每一个准则层下面都有相应的细分指标。

第三层：指标层。风险是衡量环境脆弱性最为重要的指标，外在环境与农户自身条件的脆弱性是影响农户家庭生产生活的直接因素，选取自然风险和市场风险两个指标衡量农户所处的脆弱性背景（张耀文 等，2019；和月月 等，2020）；生计资本划分为人力资本、自然资本、物质资本、金融资本、社会资本，5个类型的生计资本考量了森林旅游目的地社区农户的特点设计了具体的指标；生计策略是为了实现生计目标或追求积极的生计产出，农户对自身所拥有的生计资产进行组合使用的方式，选取生计策略多样性（张钦 等，2016；韦惠兰 等，2018）这一指标作为衡量生计策略的依据。

（3）返贫风险评价指标体系建构

本书在结合因素分析与可持续生计理论的基础上，以森林旅游目的地社区农户的脆弱性背景、生计资本和生计策略这三个维度为准则层，根据案例地的实际情况及前文的因素分析框架选取了相应的测量指标，在遵循科学性原则、系统性原则、动态性原则和可获得性原则下，构建了农户返贫风险评价指标体系（表6－2）。

表6－2　可持续生计视角下森林旅游目的地社区农户返贫风险评价指标体系

准则层		指标层	指标解释及赋值标准	指标类型
脆弱性背景（R）		自然风险（R_1）	是否遭受自然灾害、环境污染等，无＝0，有＝1	负
		市场风险（R_2）	农业收入占家庭总收入的比重	负
生计资本	人力资本（H）	劳动力比例（H_1）	劳动力与家庭总人口的比值	正
		户主受教育程度（H_2）	文盲＝0，小学＝0.25，初中＝0.5，高中＝0.75，大专及大学以上＝1	正
		户主健康水平（H_3）	残疾＝0.25，大病＝0.5，慢性病＝0.75，健康＝1	正
		户主劳动能力（H_4）	无劳动力＝0.25，弱劳动力＝0.5，普通劳动力＝0.75，技能劳动力＝1	正
		是否获得技能培训机会（H_5）	无＝0，有＝1	正

（续）

准则层		指标层	指标解释及赋值标准	指标类型
生计资本	物质资本（P）	房屋总面积（P_1）	平方米	正
		家庭固定资产（P_2）	被调查者所拥有的生产工具和设施（摩托车、汽车、三轮车等）的比例	正
		住房结构（P_3）	土木房＝0，砖木房＝0.25，砖瓦房＝0.5，砖混房＝0.75，混凝土房＝1	正
	金融资本（F）	家庭年收入（F_1）	元	正
		借贷机会（F_2）	无＝0，有＝1	正
	自然资本（N）	耕地面积（N_1）	亩	正
		林地面积（N_2）	亩	正
	社会资本（S）	是否参加农民合作协会或合作社（S_1）	无＝0，有＝1	正
		邻里信任度（S_2）	不信任＝0，比较信任＝0.25，一般信任＝0.5，绝大程度＝0.75，非常信任＝1	正
		家里是否有亲戚或朋友在政府机关和企事业单位任职（S_3）	无＝0，有＝1	正
生计策略（A）		生计策略多样性（A_1）	单一生计＝0.5，混合生计＝1	正

6.2.3 评价方法

（1）熵权法

熵是评价系统有序程度的客观衡量，熵越小，指标变异程度越大，所包含信息量越多，在指标体系中的重要程度越高。熵权法是一种客观赋权法，运用该方法给指标赋权可以保证权重的绝对客观性。因此，本书在熵权法的基础上对脱贫户进行返贫风险综合评价，计算步骤为：

①数据标准化。为消除不同量纲、数量级对指标值的影响，采用极差标准化法对所有测量指标数据进行标准化处理。

$$\text{正向指标：}S_{ij}=\frac{X_{ij}-\min(X_j)}{\max(X_j)-\min(X_j)} \tag{6-1}$$

$$\text{逆向指标：}S_{ij}=\frac{\max(X_j)-X_{ij}}{\max(X_j)-min(X_j)} \tag{6-2}$$

②计算各指标的信息熵。第 j 项指标下，第 i 个数据值的比重 p_{ij} 为：

$$p_{ij} = \frac{X_{ij}}{\sum_{i=1}^{n} X_{ij}} \tag{6-3}$$

指标熵值 e_j 为：

$$e_j = -\frac{1}{\ln n}\sum_{i=1}^{n} p_{ij} \ln p_{ij} \tag{6-4}$$

③确定各指标权重。第 j 项指标的差异系数 g_j 为：

$$g_j = 1 - e_j \tag{6-5}$$

第 j 项指标的权重 w_j 为：

$$w_j = \frac{g_j}{\sum_{j=1}^{m} g_j} \tag{6-6}$$

④计算返贫风险系数。为方便描述，在参考以往研究，得到第 i 个脱贫户返贫的风险系数 r_i：

$$r_i = \sum_{j=1}^{m} w_j * p_{ij} \tag{6-7}$$

（2）灰色关联分析

灰色关联分析是通过各个指标变化对系统的影响来确定各指标间的关联情况，采用灰色关联分析探讨森林旅游目的地社区农户返贫风险与各指标因子间的关系较为适宜。计算步骤如下：第一，确定各项指标为比较序列和返贫风险为参考序列。第二，初值化处理，将采用熵权法对原始数据进行标准化处理后的数据作为灰色关联计算的初值。第三，参考序列与比较序列的绝对差计算。将第一步所确定的比较数列和参考数列进行绝对差计算，绝对差值矩阵中的最大数和最小数即为最大差值 M 和最小差值 m。第四，计算灰色关联系数，各指标的关联系数的均值为灰色关联度，计算公式为：

$$L_{ij}(k) = \frac{m + \rho M}{\Delta_{ij}(k) + \rho M} \tag{6-8}$$

$$c_j = \frac{1}{n}\sum_{i=1}^{m} L_{ij}(k) \tag{6-9}$$

式中：$\Delta_{ij}(k)$ 为第 j 项指标下，第 i 个标准化后数据值的绝对差值；M 为绝对差值矩阵中的最大数，m 为绝对差值矩阵中的最小数；$L_{ij}(k)$ 为第 j 项指标下，第 i 个数据值的灰色关联系数；c_j 为第 j 个指标的灰色关联度。其中 $\rho \in [0,1]$ 是分辨系数，主要作用是弱化因数值过大而引起的失真现象，基于前人研究成果，取 $\rho = 0.5$ 。

6.2.4 结果分析

（1）森林旅游目的地社区农户返贫风险评估

本书运用熵权法对案例地的研究数据进行了处理，得出了各个脱贫返贫风险评价维度的权重，形成森林旅游目的地社区农户返贫风险评估体系（表 6-3）。

表 6-3 可持续生计视角下森林旅游目的地社区农户返贫风险评价指标体系

准则层		指标层	信息熵值 e	差异系数 g	权重系数 w	风险权重
脆弱性背景（R）		自然风险（R_1）	0.864 2	0.135 8	0.059 8	0.073 9
		市场风险（R_2）	0.968 0	0.032 0	0.014 1	
生计资本	人力资本（H）	劳动力比例（H_1）	0.989 0	0.011 0	0.004 9	0.283 8
		户主受教育程度（H_2）	0.959 2	0.040 8	0.018 0	
		户主健康水平（H_3）	0.681 4	0.318 6	0.140 3	
		户主劳动能力（H_4）	0.991 6	0.008 4	0.003 7	
		是否获得技能培训机会（H_5）	0.734 5	0.265 5	0.116 9	
	物质资本（P）	房屋总面积（P_1）	0.856 8	0.143 2	0.063 1	0.089 4
		家庭固定资产（P_2）	0.977 9	0.022 1	0.009 7	
		住房结构（P_3）	0.962 4	0.037 6	0.016 6	
	金融资本（F）	家庭年收入（F_1）	0.879 9	0.120 1	0.052 9	0.068 8
		借贷机会（F_2）	0.964 0	0.036 0	0.015 9	
	自然资本（N）	耕地面积（N_1）	0.777 8	0.222 2	0.097 8	0.258 2
		林地面积（N_2）	0.635 9	0.364 1	0.160 3	
	社会资本（S）	是否参加农民合作协会或合作社（S_1）	0.777 8	0.222 2	0.097 9	0.220 5
		邻里信任度（S_2）	0.993 7	0.006 3	0.002 8	
		家里是否有亲戚或朋友在政府机关和企事业单位任职（S_3）	0.727 8	0.272 2	0.119 9	
生计策略（A）		生计策略多样性（A_1）	0.987 4	0.012 6	0.005 5	0.005 5

基于可持续生计下森林旅游目的地社区农户返贫风险评价指标体系，运用公式（6-7）对农户的返贫风险系数进行了测算。风险的综合得分越低，农户返贫的危机程度越高。参考黄国庆等（2021）的风险等级划分，本书依据农户风险系数由小到大将农户的返贫风险等分为五个等级：重度返贫风险、高度返贫风险、中度返贫风险、轻度返贫风险和无返贫风险。按照以上区间进行返贫风险等级划分，结果如表 6-4 所示。

表 6-4 森林旅游目的地社区农户返贫风险等级划分

返贫风险等级	重度返贫风险	高度返贫风险	中度返贫风险	轻度返贫风险	无返贫风险
风险系数范围	[0.028 7，0.117 0)	[0.117 0，0.205 3)	[0.205 3，0.293 5)	[0.293 5，0.381 8)	[0.381 8，470 1]
农户家庭数量/户	72	68	59	23	18
农户家庭占比/%	30.0	28.3	24.6	9.6	7.5

将样本农户从 1～240 编号，样本农户的返贫风险系数 $r \in [0.028\ 7, 0.470\ 1]$，共识别出重度返贫风险农户 72 户，占比 30.0%；高度返贫风险农户 68 户，占比 28.3%；中度返贫风险农户 59 户，占比 24.6%；轻度返贫风险农户 23 户，占比 9.6%；无返贫风险农户 18 户，占比 7.5%。调研对象中半数以上的农户处于重度和高度返贫风险中，说明现阶段案例地森林旅游目的地社区农户面临较高的返贫风险。

（2）参与森林旅游对农户返贫风险的影响

在得出森林旅游目的地社区农户的返贫风险程度总体特征后，对参与森林旅游农户和未参与森林旅游农户进行对比分析。

由表 6-5 可以看出，处于重度返贫风险和轻度返贫风险的未参与森林旅游农户的数量都高于参与森林旅游农户；处于高度返贫风险的未参与森林旅游农户的数量与参与森林旅游农户大致相同；处于中度返贫风险和无返贫风险的参与森林旅游农户数量都高于未参与森林旅游。由图 6-1 可以看出，不同返贫风险程度的参与森林旅游农户占比近似呈现倒 U 形曲线，而未参与森林旅游农户占比呈现逐级递减趋势。

为了了解参与森林旅游是否会影响农户家庭的返贫风险，本书将农户家庭返贫风险系数作为观测变量，以是否参与旅游作为控制因素进行单因素方差分析。从 F 检验结果来看（表 6-6），$P=0.000$（<0.05），说明是否参与森林旅游与农户返贫风险系数具有显著性差异，参与森林旅游会影响农户的返贫风险。

表 6-5 处于不同返贫风险等级的参与户和未参与户数量对比

返贫风险等级	重度返贫风险	高度返贫风险	中度返贫风险	轻度返贫风险	无返贫风险	合计
参与森林旅游农户数量/户	22	33	37	9	13	114
参与森林旅游农户占比/%	19.3	28.9	32.5	7.9	11.4	100
未参与森林旅游农户数量/户	50	35	22	14	5	126
未参与森林旅游农户占比/%	39.7	27.8	17.5	11.1	4.0	100

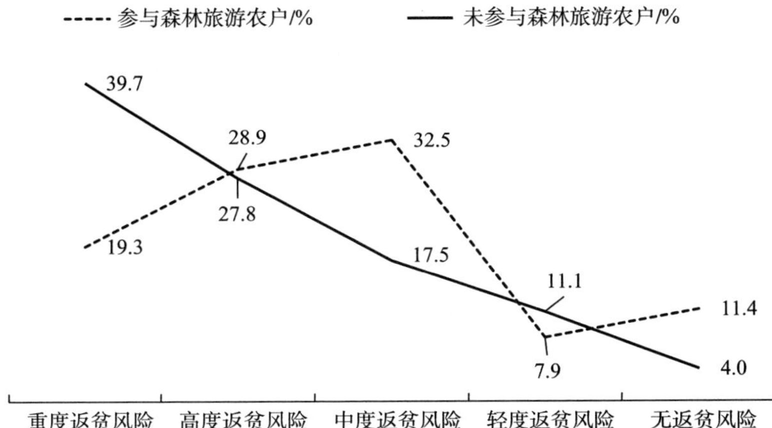

图 6－1　不同返贫风险等级下参与旅游农户占比与未参与旅游农户占比对比折线图

表 6－6　是否参与森林旅游对返贫风险系数的单因素方差分析结果

项目	平方和	自由度	均方	F	显著性
组间	0.153	1	0.153	13.221	0.000
组内	2.753	238	0.012		
总计	2.906	239			

（3）参与森林旅游如何影响农户返贫风险

由前文可知，参与森林旅游影响了农户的返贫风险，那么参与森林旅游是如何影响农户返贫风险的呢？为了理清参与旅游如何影响农户返贫风险，本部分运用灰色关联分析方法分别计算农户总体、参与户、未参与户各指标因子与返贫风险的灰色关联度，找到森林旅游目的地社区农户返贫风险的主导因素，进一步研究不同返贫风险程度的农户总体、参与户、未参与户指标因子与返贫风险的灰色关联度，通过对比研究参与森林旅游对农户返贫风险主导因素的影响。借鉴孙林凯等（2012）的研究成果，采用灰色关联分析计算各指标因子对返贫风险之间的关系，灰色关联度大于 0.5，表明该指标因子对返贫风险具有重要影响。

1）参与森林旅游对农户返贫风险主导因素的影响

运用灰色关联分析法分别计算农户总体、参与户和未参与户各指标因子与返贫风险的灰色关联度及排序情况（表 6－7）。

表 6-7　农户总体、参与户和未参与户各指标因子灰色关联度分析

指标因子	总体		参与户		未参与户	
	灰色关联度	排名	灰色关联度	排名	灰色关联度	排名
R_1	0.595 3	11	0.571 8	11	0.616 3	12
R_2	0.500 5	14	0.456 1	15	0.540 5	14
H_1	0.552 7	13	0.559 9	12	0.546 0	13
H_2	0.567 8	12	0.513 6	13	0.616 7	11
H_3	0.734 0	5	0.708 3	5	0.757 3	5
H_4	0.409 3	17	0.408 6	17	0.409 6	17
H_5	0.691 1	8	0.631 5	10	0.744 9	6
P_1	0.764 3	3	0.741 7	2	0.784 8	3
P_2	0.697 0	6	0.677 5	6	0.714 6	8
P_3	0.630 5	10	0.638 2	9	0.623 3	10
F_1	0.780 5	1	0.762 9	1	0.796 4	2
F_2	0.452 5	16	0.422 9	16	0.479 0	16
N_1	0.768 6	2	0.737 7	3	0.796 5	1
N_2	0.748 5	4	0.725 4	4	0.769 4	4
S_1	0.673 2	9	0.649 9	8	0.694 3	9
S_2	0.380 5	18	0.390 6	18	0.371 0	18
S_3	0.696 3	7	0.664 5	7	0.725 0	7
A_1	0.500 3	15	0.501 9	14	0.507 5	15

从表 6-7 可以看出，农户总体灰色关联度排在前两名的是家庭年收入（F_1=0.780 5）和耕地面积（N_1=0.768 6），说明金融资本和自然资本是农户返贫风险的主导因素。金融资本是农户脱贫最直观、最具象的根本性指标和农户生计资本中最为活跃的因素，金融资本储备将直接影响农户面对风险的能力。自然资本作为农户传统谋生手段所依赖的自然资源，如果受到减损将直接影响农业的收益，也是农户返贫风险的主导因素。

参与户的自然风险（R_1）、劳动力比例（H_1）、户主受教育程度（H_2）、户主健康水平（H_3）、是否获得技能培训机会（H_5）、房屋总面积（P_1）、家庭固定资产（P_2）、住房结构（P_3）、家庭年收入（F_1）、耕地面积（N_1）、林地面积（N_2）、是否参加农民合作协会或合作社（S_1）、家里是否有亲戚或朋友在政府机关和企事业单位任职（S_3）、生计策略多样性（A_1）的灰色关联度均大于 0.5，说明这些因素对参与户返贫风险产生了重要影响。未参与户的自然风险（R_1）、市场风险（R_2）、劳动力比例（H_1）、户主受教育程度（H_2）、户主健康水平（H_3）、是否获得技能培训机会（H_5）、房屋总面积（P_1）、家庭固定资产（P_2）、住房结构（P_3）、家庭年收入（F_1）、耕地面积（N_1）、林地面积（N_2）、是否参加农民合作协会或合作社（S_1）、家里是否有亲戚或朋友在政府机关和企事业单位任职（S_3）和生计策略多样性（A_1）的灰色关联度均大于0.5，说明这些因素对未参与户返贫风险产生了重要影响。通过对比参与户与未参与户返贫风险的影响因素，未参与户返贫风险的影响因素比参与户多了市场风险（R_2），说明未参与户比参与户更容易受到市场风险的影响。市场风险集中体现在农产品市场价格波动给农户造成较大的经济损失，森林旅游的发展给农户带来了新的生计方式，农户可以通过参与森林旅游分散农业活动所带来的市场风险，因此参与户所面临的市场风险更小，未参与户更容易受到市场风险的影响。

通过比较参与户与未参与户灰色关联度差异较大的影响因素，未参与户受教育程度（H_2＝0.616 7）和获得技能培训机会（H_5＝0.744 9）的灰色关联度明显大于参与户受教育程度（H_2＝0.513 6）和获得技能培训机会（H_5＝0.631 5）的灰色关联度，说明未参与户比参与户更容易受到知识技能水平的影响。在调研中发现，有10户未参与户没有参与旅游的原因是“专业知识不够”，即部分未参与户由于缺乏知识技能导致其能够选择的生计方式十分有限，没有能力参与森林旅游。部分参与户在参与旅游的过程中，获得了一些技能培训机会，提高了自身的知识储备，因此识别及应对危机和风险的能力提高，在面对风险时比未参与户能够更快地做出反应。

2）参与森林旅游对不同风险程度农户返贫风险主导因素的影响

运用灰色关联分析法分别计算处于不同返贫风险等级的农户总体、参与户和未参与户各指标因子与返贫风险的灰色关联度及排序情况如表6－8至表6－11所示。

表6－8 重度返贫风险农户总体、参与户和未参与户指标因子灰色关联度分析

指标因子	总体		参与户		未参与户	
	灰色关联度	排名	灰色关联度	排名	灰色关联度	排名
R_1	0.780 2	9	0.857 1	9	0.746 3	9
R_2	0.499 2	14	0.367 6	16	0.556 8	13
H_1	0.486 7	15	0.484 8	13	0.487 1	15
H_2	0.630 4	12	0.493 6	12	0.690 4	10
H_3	0.872 7	5	0.878 3	5	0.870 2	4

（续）

指标因子	总体		参与户		未参与户	
	灰色关联度	排名	灰色关联度	排名	灰色关联度	排名
H_4	0.378 0	17	0.365 9	17	0.382 9	17
H_5	0.872 7	5	0.878 3	5	0.870 2	4
P_1	0.902 1	2	0.916 7	2	0.895 6	2
P_2	0.637 5	11	0.594 3	11	0.656 1	12
P_3	0.689 7	10	0.754 0	10	0.661 3	11
F_1	0.908 4	1	0.928 2	1	0.899 6	1
F_2	0.514 5	13	0.466 3	14	0.535 4	14
N_1	0.891 6	3	0.904 4	3	0.886 0	3
N_2	0.875 8	4	0.890 4	4	0.869 3	8
S_1	0.872 7	5	0.878 3	5	0.870 2	4
S_2	0.344 2	18	0.343 4	18	0.344 1	18
S_3	0.872 7	5	0.878 3	5	0.870 2	4
A_1	0.461 8	16	0.436 3	15	0.472 7	16

表 6－9　高度返贫风险农户总体、参与户和未参与户指标因子灰色关联度分析

指标因子	总体		参与户		未参与户	
	灰色关联度	排名	灰色关联度	排名	灰色关联度	排名
R_1	0.555 2	11	0.532 5	11	0.580 7	11
R_2	0.449 8	14	0.414 6	14	0.486 2	15
H_1	0.501 3	13	0.473 2	13	0.531 4	13
H_2	0.536 0	12	0.520 5	12	0.554 5	12
H_3	0.750 2	5	0.746 3	5	0.759 7	5
H_4	0.370 3	17	0.357 2	17	0.384 9	17
H_5	0.697 4	7	0.638 1	9	0.759 2	6
P_1	0.783 9	2	0.785 8	2	0.788 4	3
P_2	0.644 0	10	0.587 3	10	0.702 7	8
P_3	0.661 3	9	0.680 5	8	0.648 1	10
F_1	0.803 9	1	0.818 6	1	0.796 4	2
F_2	0.385 4	16	0.356 5	18	0.415 4	16
N_1	0.782 3	3	0.764 6	3	0.805 3	1

（续）

指标因子	总体		参与户		未参与户	
	灰色关联度	排名	灰色关联度	排名	灰色关联度	排名
N_2	0.768 1	4	0.759 6	4	0.782 3	4
S_1	0.675 9	8	0.688 0	7	0.669 5	9
S_2	0.351 0	18	0.358 6	16	0.345 9	18
S_3	0.728 3	6	0.725 3	6	0.736 8	7
A_1	0.448 9	15	0.410 3	15	0.488 6	14

表 6-10　中度返贫风险农户总体、参与户和未参与户指标因子灰色关联度分析

指标因子	总体		参与户		未参与户	
	灰色关联度	排名	灰色关联度	排名	灰色关联度	排名
R_1	0.466 6	15	0.465 9	15	0.472 2	15
R_2	0.476 1	14	0.467 9	14	0.494 5	13
H_1	0.591 5	7	0.607 7	7	0.570 3	10
H_2	0.531 3	12	0.501 6	12	0.591 3	8
H_3	0.655 3	6	0.658 0	6	0.657 3	6
H_4	0.424 8	16	0.419 9	16	0.437 1	16
H_5	0.584 2	8	0.550 8	11	0.645 9	7
P_1	0.688 9	4	0.690 6	4	0.693 0	4
P_2	0.762 0	1	0.748 9	1	0.791 7	1
P_3	0.569 0	9	0.570 4	8	0.572 3	9
F_1	0.713 4	2	0.714 9	2	0.718 0	3
F_2	0.406 4	17	0.395 1	17	0.429 3	17
N_1	0.701 9	3	0.695 2	3	0.720 0	2
N_2	0.678 6	5	0.682 8	5	0.678 4	5
S_1	0.541 5	11	0.563 6	10	0.510 0	12
S_2	0.369 8	18	0.373 2	18	0.367 6	18
S_3	0.550 9	10	0.567 7	9	0.528 4	11
A_1	0.484 6	13	0.500 3	13	0.480 4	14

表 6-11　轻度返贫风险农户总体、参与户和未参与户指标因子灰色关联度分析

指标因子	总体		参与户		未参与户	
	灰色关联度	排名	灰色关联度	排名	灰色关联度	排名
R_1	0.379 1	16	0.368 5	16	0.395 8	14
R_2	0.478 7	9	0.402 5	12	0.531 3	7
H_1	0.625 7	2	0.543 7	4	0.682 5	2
H_2	0.469 1	10	0.455 9	10	0.483 2	10
H_3	0.494 9	8	0.499 6	7	0.498 8	9
H_4	0.364 9	17	0.358 8	17	0.377 0	17
H_5	0.397 6	13	0.396 1	14	0.409 6	13
P_1	0.531 9	5	0.533 0	5	0.541 4	6
P_2	0.754 4	1	0.786 4	1	0.728 1	1
P_3	0.445 1	12	0.475 0	9	0.439 7	12
F_1	0.562 4	3	0.571 2	2	0.569 1	4
F_2	0.385 1	15	0.384 2	15	0.395 5	15
N_1	0.557 0	4	0.544 2	3	0.570 7	3
N_2	0.519 6	7	0.523 0	6	0.526 7	8
S_1	0.389 6	14	0.402 1	13	0.391 0	16
S_2	0.357 8	18	0.358 8	17	0.350 8	18
S_3	0.459 5	11	0.439 5	11	0.477 4	11
A_1	0.528 4	6	0.489 3	8	0.553 6	5

通过表 6-8 至表 6-11 可以看出，重度返贫风险农户的自然风险（R_1）、户主受教育程度（H_2）、户主健康水平（H_3）、是否获得技能培训机会（H_5）、房屋总面积（P_1）、家庭固定资产（P_2）、住房结构（P_3）、家庭年收入（F_1）、借贷机会（F_2）、耕地面积（N_1）、林地面积（N_2）、是否参加农民合作协会或合作社（S_1）、家里是否有亲戚或朋友在政府机关和企事业单位任职（S_3）的灰色关联度均大于 0.5，说明脆弱性背景和生计资本是影响重度返贫风险农户返贫风险的主要因素；高度返贫风险农户的自然风险（R_1）、劳动力比例（H_1）、户主受教育程度（H_2）、户主健康水平（H_3）、是否获得技能培训机会（H_5）、房屋总面积（P_1）、家庭固定资产（P_2）、住房结构（P_3）、家庭年收入（F_1）、耕地面积（N_1）、林地面积（N_2）、是否参加农民合作协会或合作

社（S_1）、家里是否有亲戚或朋友在政府机关和企事业单位任职（S_3）的灰色关联度均大于0.5，说明脆弱性背景和生计资本是影响高度返贫风险农户返贫风险的主要因素；中度返贫风险农户的劳动力比例（H_1）、户主受教育程度（H_2）、户主健康水平（H_3）、是否获得技能培训机会（H_5）、房屋总面积（P_1）、家庭固定资产（P_2）、住房结构（P_3）、家庭年收入（F_1）、耕地面积（N_1）、林地面积（N_2）、是否参加农民合作协会或合作社（S_1）、家里是否有亲戚或朋友在政府机关和企事业单位任职（S_3）的灰色关联度均大于0.5，说明生计资本是影响中度返贫风险农户返贫风险的主要因素；与其他农户相比，轻度返贫风险农户的生计策略灰色关联度大于0.5，说明生计策略是影响轻度返贫风险农户返贫风险的主要因素。

由表6－10可以看出，中度返贫风险的参与户的劳动力比例（H_1）、户主受教育程度（H_2）、户主健康水平（H_3）、是否获得技能培训机会（H_5）、房屋总面积（P_1）、家庭固定资产（P_2）、住房结构（P_3）、家庭年收入（F_1）、耕地面积（N_1）、林地面积（N_2）、是否参加农民合作协会或合作社（S_1）、家里是否有亲戚或朋友在政府机关和企事业单位任职（S_3）、生计策略多样性（A_1）的灰色关联度均大于0.5，说明这些因素对中度返贫风险的参与户返贫风险产生了重要影响；未参与户的劳动力比例（H_1）、户主受教育程度（H_2）、户主健康水平（H_3）、是否获得技能培训机会（H_5）、房屋总面积（P_1）、家庭固定资产（P_2）、住房结构（P_3）、家庭年收入（F_1）、耕地面积（N_1）、林地面积（N_2）、是否参加农民合作协会或合作社（S_1）、家里是否有亲戚或朋友在政府机关和企事业单位任职（S_3）的灰色关联度均大于0.5，说明这些因素对未参与户返贫风险产生了重要影响。对于中度返贫风险农户，参与户返贫风险的影响因素比未参与户多了生计策略多样性（A_1），表明中度返贫风险的参与户比未参与户更容易受到生计策略的影响。由表6－4可知，中度返贫风险的参与户人数比未参与户人数多了15%，说明将旅游业视为单一的生计方式会加深中度返贫风险农户的返贫风险。在森林旅游产业发展的过程中，部分参与户享受到了旅游带来的巨大利益，因此彻底抛弃了传统的生计方式，将旅游业视为主要或单一的生计方式，无疑增加了返贫风险，一方面，在区域环境承载能力有限或森林旅游目的地知名度不高的情况下，容易发生供过于求的现象；另一方面，在森林旅游目的地遭受外部环境冲击的情况下，会因为失去客源使经营活动处于停顿状况，这两种现象都可能造成森林旅游目的地房屋空置、经营人员歇业，导致部分参与森林旅游农户返贫，生计策略拓展能够分散因过度依赖旅游业造成的返贫风险，对于返贫风险较低的参与户，生计策略拓展显得尤为重要。

6.3 可持续生计视角下森林旅游目的地社区农户返贫阻断机制建立

森林旅游目的地农户的稳定脱贫是一个长期的、动态的过程，对于农户面临的返贫风险，不仅需要事后的补救，更需要事先的防治；不仅需要政府与社会的帮扶与监督，更需要农户提升自身可行力，基于此，构建针对森林旅游目的地社区农户的返贫阻断机制，如图 6－2 所示。

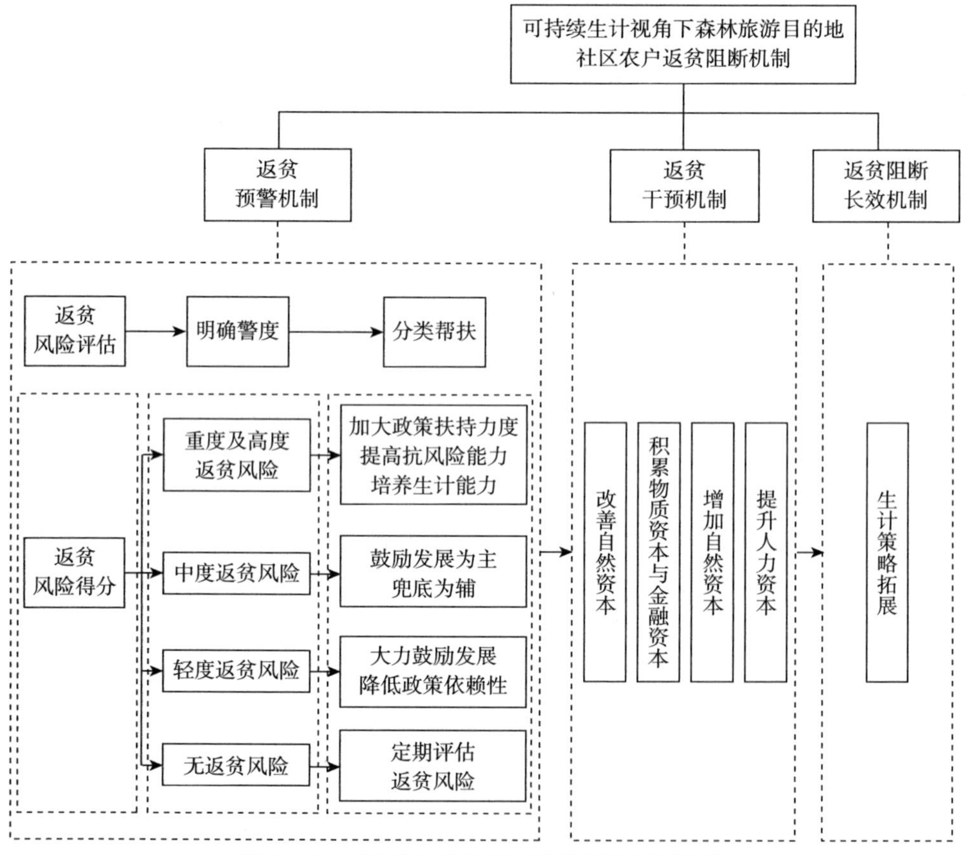

图 6－2 可持续生计视角下返贫阻断机制构建

6.3.1 返贫预警机制

返贫预警机制是应对返贫风险的基础，只有有效地对返贫可能性进行预警，才能采取相应的措施阻断进一步返贫风险的产生。

县级对核定农户根据生计资本因素，实行分级预警，对待不同级别的监测对象应采取阶梯式的帮扶措施。监测对象预警级别按照从高到低分为重度及高度返贫风险、中度返贫风险、轻度返贫风险，分别用“红、黄、蓝”三种颜色标示，监测对象确定预警级别后，实施分类帮扶，并根据风险变化情况实时调整预警级别。对评估已消除风险的，在保持监测的基础上，标记消除风险，更改预警级别。

对于重度及高度返贫风险农户，根据表 6－8 和表 6－9 的灰色关联分析结果，这部分群体的生计能力、成长能力都很弱，需要政府加大对该群体的政策扶持力度，建立以能力帮扶为主的帮扶机制，不再完全专注于“低保”补贴，鼓励引导该类群体提升自主生存与成长能力，如由政府做担保贴息、银行放贷，支持农户发展特色农产品生产及加工业、养殖业等。同时，应加大社会保障力度，确保该群体必要的城乡居民养老保险和农村新型合作医疗，优先保障救助“老弱病残”，重点解决“医疗负担重和就医难”问题，并不断完善贫困户重大疾病的医疗救助体系。

对于中度返贫风险农户，根据表 6－10 的灰色关联分析结果所示，生计资本对该部分群体的返贫风险产生了较大的影响，仅仅靠政府救助或外界援助只是治标不治本，这就要求农户的自适应能力跟上时代步伐，可采取鼓励发展为主、兜底为辅的策略。要时刻关注农户的后续生计情况，在旅游业的基础上积极培育其他类型的产业，如部分地区可以依托当地区位优势发展现代农业、种植业，增强区域经济发展应对外部冲击的能力，降低经济系统敏感性。要重点关注提升农户的知识素质、技能水平，培养农户作为旅游经营主体应具有的知识储备，发挥政府部门、社会组织等在促进“知识转移”方面所具有的作用，提升个体参与旅游发展的意识与能力，实现旅游发展能够长期有效惠及农户家庭。

对于轻度返贫风险农户，根据表 6－11 的灰色关联分析结果所示，生计策略对该部分群体的返贫风险产生了较大的影响，由于这部分农户在参与旅游的过程中享受到了旅游所带来的巨大利益，可能造成了过分依赖旅游业的情况，对于旅游业发展可能带来的潜在风险与负面影响认识不足。对于经济活动风险所带来的就业波动危害，要密切关注农户的就业情况，加强对此类群体就业的关注。对于从事单一活动、收入来源唯一的农户事先信息追踪与相关技能培训。对拥有丰富的资源（耕地、劳动力）却因自我发展能力低就业不稳定的农户群体，应以提高其发展水平为主，帮助其探索发展适合本地区的特殊农业；对于缺乏资源而就业前景良好的农户群体，引导其从事附加值较高的第三产业。对于旅游区淡旺季明显的情况，可以积极深化民俗旅游、节事旅游发展，缓和淡旺季的差距，并对当地旅游季进行明确的划分与安排，尽量减少淡旺季带给农户的收入及就业波动。

对于无返贫风险的农户不能放松警惕，应定期评估返贫风险，及时发现并消除返贫隐患，防止此类农户因突发事件返贫。

6.3.2 返贫干预机制

充足的生计资本是贫困人口增强应对风险能力、拓展选择生计范围，进而重构生计模式的重要基础。同时，还应充分考虑到不同生计资本之间相互转化、相互支撑的关联特性，避免仅实现单种或几种生计资本的片面增加，以多维生计资本的协同增长从整体上改变农户生计资本薄弱的状况。因此，应在继续保障农户物质资本、金融资本持续增加的同时，更加重视加大对农户人力资本和社会资本的扶持力度。

（1）改善自然资本

由于土地荒置、土地征收、城镇化进程等，森林旅游目的地农户的自然资本存量正在逐渐减少。相关研究提出，自然资本越高，农户的生计策略选择越倾向于农业兼业化；反之，则向非农业兼业化变动。农户家庭自然资本禀赋越高，利用多形式获得收益的可能性越大；自然资本越低，越会限制农户收入获取的能力。若可以改善自然资本的利用形式，提高资本化水平，如通过土地流转实现农场这种大农业经营发展，保证农户土地增值，则可以高效地实现自然资本的价值。

（2）积累物质资本与金融资本

构建针对森林旅游目的地基础设施建设持续投入的干预机制，实现农户物质资本的持续性增加。完善和改进森林旅游目的地社区内的金融服务，除现有的简单发放贷款和贴现补息等金融扶贫制度外，积极探索森林旅游目的地农户传统住宅与土地的抵押融资贷款渠道方式，创建多户联保等农地、农宅抵押贷款模式，将农户的土地、房屋住宅等自然资本与物质资本转换为金融资本，增加金融资本的积累。

（3）提升人力资本

一是要完善健康保障体系，防止农户因病返贫。建议完善健康保障体系，建立长效、可持续的医疗保障体系，根据各地的经济发展水平确定合理的报销比例，防止部分地区出现对农户过度保障和过度医疗的情况；继续提升公共医疗和基层医疗服务水平，加速建立全民重大疾病和慢性病救助体系。

二要提升教育保障水平，教育扶贫是实现人力资本积累的重要手段和阻断贫困代际传递的重要途径。要加大教育的投入力度，提高教育的覆盖面，健全教育体系，解决森林旅游目的地内普遍存在的教资水平薄弱问题，激发其内生动力，提升劳动力素质以适应改革和发展的需要。

三要构建技能培训体系，技能培训是增强农户能力和素质的重要方式。实地调查过程中发现，大部分农户主观能动性差，自我发展意识不强，对此要加强农户的职业技能培训，要使旅游生计策略更好地促进农户生计可持续，不应仅强调参与旅游的人数，而更应提升当地农户的旅游就业层次，针对农户自身发展情况，对其旅游业经营所需技能、安全知识等进行系统培训，提高农户旅游经营服务能力与水平。

（4）增加社会资本

确保相关对口帮扶部门在一定年限内依然承担帮助农户发展的责任与义务，拓展农户连接型社会资本的建立。进一步构建村内部之间的互助合作关系，加强从事旅游业经营不同环节农户间的合作，并组织相关技能培训，形成完整的经营网络，有效利用旅游资源，减少旅游业脆弱性带来的风险，发展壮大本地区的集体经济，以组织保障与制度保障切实维护农户自身权益，并通过制度文化、组织化形成相互间的信任，逐步提升农户的社会资本。

6.3.3　返贫阻断长效机制

除重视农户生计资本的提升方面外，还要关注农户的生计策略拓展问题，建立可持续稳定的长效机制，阻断返贫现象的发生。

对于森林旅游目的地社区农户而言，适时调整生计策略、采取兼业化的多种生计组合策略模式更适合农户家庭。因此，要积极探索生计多样化途径，通过多种生计组合策略分散风险。农户针对自身拥有的生计资本、政策优惠等，合理选择旅游兼营均收型、农业兼营均收型等生产生活方式，避免传统务农、务工等生计方式带来的不稳定性，既能在旅游旺季时兼顾旅游发展，又能在旅游淡季时有收入保障。根据自身资源积极发展新兴产业，降低旅游业扶贫带来的风险，承接产业转移，调整产业结构。

政府应该转变职能，由“主导型”转向“引导型”。要关注农户的后续生计情况，发展农村产业，进行产业帮扶，拓宽农户的生计方式。培育“一村一品”“一乡一业”项目，改造提升优势产业，积极发展订单式农业，鼓励农户优化种养结构。拓宽森林旅游目的地农产品的流通渠道，减少市场风险；构建层级信息服务网，在农户农业生产、就业、教育等方面提供技术帮扶、信息咨询共享等。

7 结论与政策建议

7.1 研究结论

7.1.1 森林旅游发展问题主要结论

（1）森林旅游在集中连片特困地区有较高的发展潜力

一方面，云南省 4 个集中连片特困地区 85 个贫困县（市、区）森林覆盖率 58.55%，含有丰富的森林资源，拥有发展森林旅游的广阔前景和有利条件；另一方面，2015—2018 年云南省林业旅游收入分别为 684 769 万元、805 866 万元、1 058 894 万元和 1 508 562 万元，林业旅游人次分别为 3 745 万人、4 045 万人、4 275 万人和 5 037 万人，林业旅游收入及旅游人次不断增长，森林旅游保持着发展的良好态势，具有较高的发展潜力。

（2）未参与森林旅游农户比例高但参与意愿强

在本次调研的 240 户农户家庭中，参与森林旅游发展的农户有 114 户、占调查农户的 47.5%，农户参与方式为经营餐饮和住宿、经营商铺、景区工作、酒店打工、租出或转让土地房屋间接参与森林旅游等。没有参与森林旅游发展的有 126 户，未参与森林旅游农户比例较高，今后有参与意愿参与的有 77 户、占比 62.1%，说明未参与森林旅游的农户参与意愿较强。

（3）森林旅游带动乡村发展主要有景区带村、企业入村和农户主导三种模式，带动效果有差异

景区带村模式是依靠核心景区的旅游资源和稳定的客源市场带动景区内部或周边的乡村发展旅游的一种模式，这种模式通过挖掘乡村特有的旅游资源吸引核心景区游客，带动乡村旅游业发展和农民就业增收。企业入村模式是旅游企业对有森林旅游资源的乡村进行开发和利用，通过吸纳农户等其他利益主体进行经营，打造出具有当地特色的具有吸引力和竞争力的特色服务或旅游项目，以此来带动乡村地区经济的发展。农户主导模式即在政府、市场等因素的推动下让有一定资源的农户自主开发森林旅游，形成一定经济效益，带动更多的村民跟进而从中获得利益，构建旅游利益共同体。从增收效果来看，景区带村模式好于企业入村模式，农户主导模式效果最小。

（4）森林旅游发展后农户家庭会通过改变生产要素配置实现增收

发展森林旅游对农户家庭的自有耕地、资本、技能、人力等4个生产要素配置变动均产生正向促进作用，推动农户家庭收入增长，参与森林旅游农户家庭在发展森林旅游后人均可支配收入高于未参与森林旅游农户家庭103.15%。其中，农户家庭旅游就业带动增收的效果最明显，其次为农户家庭资本投资，农户家庭耕地与农户家庭技能培训带动增收的效果较小。森林旅游发展后，农户家庭林地面积没有发生显著变动。

7.1.2 森林旅游返贫风险问题主要结论

（1）森林旅游目的地社区农户返贫风险因素包括内部因素和外部因素

本书认为农户返贫风险的内部因素包括知识技能缺乏风险、因病返贫风险、生计资本丧失风险、生计方式单一风险、社会网络瓦解风险，外部因素包括外部环境冲击风险、因灾返贫风险、生态环境恶化风险。

（2）调研对象中半数以上的农户处于重度和高度返贫风险

森林旅游目的地社区农户的生计状况伴随森林旅游的发展有所改善，但半数以上的农户仍面临重度及高度返贫风险，其中金融资本和自然资本是农户返贫风险的主导因素。

（3）影响不同返贫风险等级农户返贫风险的主要因素各不相同

重度及高度返贫风险的农户家庭，通常会存在自然灾害和市场变化导致就业波动、知识和能力水平低、家庭有成员健康情况差、财富积累少、物质基础薄弱、缺少借贷渠道和能力、家庭拥有的生产要素和能够动用的社会资源较少的情况，这些因素都大大增加了他们的返贫风险；对于中度返贫风险的农户家庭，通常会存在知识和能力水平低、家庭有成员健康情况差、财富积累少、物质基础薄弱、家庭拥有的生产要素和能够动用的社会资源较少的情况，这些因素是降低他们返贫风险的重要因素；轻度返贫风险农户除了需要加强培育农户的知识技能水平，还要重点关注此类人群的生计策略拓展。

（4）参与森林旅游有利于降低农户的返贫风险

参与森林旅游可以提高农户的知识技能水平、提高识别及应对风险的能力以及分散农业活动所带来的市场风险，从而降低农户的返贫风险，使重度返贫风险人口变少，但是将旅游业视为单一的生计方式会提高中度返贫风险农户的返贫风险。

7.2 政策建议

7.2.1 森林旅游发展问题政策建议

（1）坚持以景区带动为抓手，利用景区带村模式带强乡村品牌

通过政策资金扶持等方式，积极引导旅游项目开发建设与美丽乡村建设工作深入结合，巩固脱贫攻坚成果进而推动乡村振兴。

（2）盘活农村土地资源，满足森林旅游用地需求

森林旅游发展必须加强旅游用地管理，要以管理为途径强化旅游产业用地保障、提高农村土地产业用地效率和效益。第一，放活集体林经营权，引导林权规范有序流转，重点推动荒山荒地荒沙使用权流转，制定林权流转奖补、减免林权变更登记费等扶持政策，引导和支持农户以林权入股发展森林旅游。第二，保障旅游用地供给的有效性，积极支持利用农村的“四荒地”、垃圾场、废弃地和可开发利用的石漠化土地等开发旅游项目，探索利用农村土地整治、城乡建设用地增减挂钩等土地新政策，优化调整乡村土地利用结构和空间布局，从结构调整中挖掘旅游用地潜力。第三，依托农村土地“三权分置”改革、农村宅基地改革，在合法合规、保障权益的前提下，积极引导集体经营性建设用地、农民自家宅基地、承包地等通过租赁、入股、合作、抵押等多种方式参与森林旅游发展，允许村集体依法把有偿收回的闲置宅基地、废弃的集体公益性建设用地转变为集体经营性建设用地用于发展森林旅游。

（3）积极扩大林权抵押贷款规模，为发展森林旅游提供资金支持

第一，争取金融机构开发林业全周期信贷产品，推动林权按揭贷款，推动林草业经营收益权质押贷款和生态补偿收益权质抵押贷款。第二，鼓励金融机构开展林产品抵押、质押融资，降低信贷门槛、优化审批程序。第三，支持林业规模经营主体创办（领办）林权收储机构，并建立收储担保机制，支持其以自有林权抵押折资作为保证资金，降低金融机构的信贷风险。

（4）引导农村劳动力回流，为发展森林旅游提供人力支持

第一，加大农村基础设施建设投入，不断完善农村道路、水利、环保、通信等基础设施建设和农村基础教育、基本医疗、养老服务等公共服务能力建设。第二，加大对回乡创业和外来投资人员的扶持力度，在贷款、税收、用人、用地审批上给予优惠。发动森林旅游企业对社区农户实施反哺政策，优先吸纳社区劳动力。第三，弘扬中华民族“家文化”，利用故土情怀唤醒暂时沉睡的乡愁，从而激发外出人员创业或就业。

(5) 引导各地成立森林旅游合作社，为发展森林旅游提供技术支持

针对农户普遍存在能力不足、资金有限、参与渠道狭窄等问题的情况，鼓励引导农民以闲置房屋、土地经营权、林权等出资入股建立森林旅游合作社，增加农民财产性收入。第一，建议国家林业和草原局指导和支持森林旅游合作社积极开展技术技能、经营管理、宣传营销等方面系统培训和指导，如森林康养、旅游管理、生态保护、产品加工、营销策略、服务礼仪等，培养农户的经济思维和商业理念从而进一步优化家庭生产要素配置以实现利益最大化，要鼓励和支持旅游、农业、管理、营销、创意、法律等专业人员到森林旅游合作社任职、兼职或担任技术顾问。第二，鼓励森林旅游合作社与其他类型合作组织开展跨类型、跨区域合作、联合与兼并重组，形成一批有规模、竞争力强、影响力大的森林旅游合作社和森林旅游合作社联合社。第三，引导森林旅游合作社积极申报创建森林旅游提升示范项目和“森林特色小镇”“森林人家”“森林社区”等森林旅游品牌。

(6) 开展“森林社区”评选工作

针对农户经营分散、无法形成规模效应、对游客吸引力不足的问题，通过政策指导、政府引导、村民参与等形式，在森林旅游景区入口处寻找合适村庄打造“森林社区”，合理规划、引导农户家庭提供住宿、餐饮、购物等产品，进行规模化管理，让农户在基础设施完善、资源集中整合、良性市场开放的环境下进行经营。一方面，可以吸引游客，为有餐饮、住宿、购物等需求的游客提供良好的场所；另一方面，可以为周边农户家庭提供增收机会。建议研究制定“森林社区”的认定标准与管理办法，引导各地积极创建“森林社区”，对于符合“森林社区”条件的申报单位，命名为“森林社区”。

7.2.2 森林旅游返贫风险问题政策建议

(1) 完善相关政策，鼓励农户参与森林旅游经营活动

发展森林旅游有利于降低农户的返贫风险，政府应该加强宣传、完善相关政策，鼓励未参与户参与森林旅游经营活动，如以“由政府担保贴息、银行放贷”的形式对有意愿参与森林旅游的农户提供金融帮助。

(2) 重点关注提升农户的知识素质和技能水平，注重农户内生动力培养

一方面，政府应鼓励引导农民建立森林旅游合作社，利用合作社等社会组织的“知识转移”作用，对参与户进行森林旅游知识技能培训，培养他们旅游经营管理和宣传营销的能力；另一方面，培养未参与户参与旅游发展的意识与能力，实现森林旅游发展能够长期有效惠及农户家庭。

（3）大力发展特色产业，促进农户生计策略多元化

对于森林旅游目的地社区农户而言，适时调整生计策略、采取兼业化的多种生计组合策略模式更适合农户家庭，政府应利用本地优势资源，大力发展特色产业，将特色产业与森林旅游产业相结合，促进当地农户生计策略多元化。

（4）政府面对不同返贫风险等级的森林旅游目的地社区农户，需要有针对性地制定阶梯式的帮扶政策

重度及高度返贫风险农户的自主生存和成长能力都很弱，需要政府加大对该类人群的政策扶持和社会保障力度，发挥保障兜底功能，全方位巩固生计资本基础、降低农户生计脆弱性；中度及轻度返贫风险的农户可采取鼓励发展为主、兜底为辅的策略，除了重视此类农户的生计资本提升，同时要为参与户提供更多样的生计策略选择，并加强从事森林旅游产业经营不同环节的农户间合作，发展壮大区域集体经济，提升组织内部的信任，使他们形成持续的造血能力；对于无返贫风险的农户不能放松警惕，应定期评估返贫风险，及时发现并消除返贫隐患，防止此类农户因突发事件返贫。

（5）森林旅游目的地社区农户返贫阻断机制应从返贫预警机制、返贫干预机制、返贫阻断长效机制三方面构建

森林旅游目的地社区农户的稳定脱贫是一个长期、动态的过程，对于农户面临的返贫风险，不仅需要事后补救，更需要事先防治，因此定期评估农户返贫风险具有很强的现实意义，应建立返贫风险预警机制，定期上门走访农户，根据返贫风险评价指标体系计算出返贫风险得分，拟定预警级别，根据农户返贫风险的大小对农户进行分级分类，对于不同返贫风险等级的农户实施分类帮扶，确立干预、防控措施。对于农户生计资本的结构性失衡，要建立干预机制；对于农户的生计策略方面，要建立后续返贫阻断长效机制，对农户进行生计策略拓展与帮扶。

参 考 文 献

安桃艳，荣海涛，2019. 西安市生态旅游发展对农民生计持续影响［J］. 北方园艺（24）：154-160.

毕兴，张林，粟海军，等，2020. 自然保护区生态旅游对农户可持续生计的影响［J］. 林业经济问题，40（5）：464-472.

蔡进，禹洋春，邱继勤，2019. 国家精准扶贫政策对贫困农户脱贫增收的效果评价：基于双重差分模型的检验［J］. 人文地理，34（2）：90-96.

常香荷，2017. 集中连片特困地区精准扶贫的对策：基于吕梁山集中连片特困地区的分析［J］. 宏观经济管理（7）：73-77.

陈灿平，2016. 集中连片特困地区精准扶贫机制研究：以四川少数民族特困地区为例［J］. 西南民族大学学报（人文社科版），37（4）：129-133.

陈赤平，张曦，2013. 我国农村扶贫现状及扶贫模式分析［J］. 吉林广播电视大学学报，136（4）：141-142.

陈琦，2012. 连片特困地区农村家庭人力资本与收入贫困：基于武陵山片区的实证考察［J］. 江西社会科学（7）：231-235.

陈全功，蔡立，2016. 以“精准扶贫”促进集中连片特困地区发展［J］. 老区建设（6）：15-16.

陈娅玲，余正军，杨昆，2017. 生态旅游发展对西藏乡村农牧民家庭的生计影响：以林芝鲁朗镇扎西岗村为例［J］. 西藏民族大学学报（哲学社会科学版），38（5）：131-137.

陈蕴，2022. 森林旅游与生态资源保护的可持续发展研究［J］. 环境工程，40（4）：259-260.

党红艳，金媛媛，2017. 旅游精准扶贫效应及其影响因素消解：基于山西省左权县的案例分析［J］. 经济问题（6）：108-113.

丁德光，2017. 社会风险视阈下返贫风险的类型与防控机制建设［J］. 天水行政学院学报（3）：26-30.

丁慧敏，马奔，雷硕，等，2019. 可持续生计理论下的社区生态旅游参与分析：以秦岭地区为例［J］. 林业经济，41（5）：89-95.

董晓波，2018. 云南省精准废品综合评价研究［J］. 西南农业学报（6）：1324-1325.

董晓波，王海燕，王云美，等，2018. 云南省精准扶贫综合评价研究［J］. 西南农业学报，31（6）：1322-1328.

董莹，穆月英，2019. 合作社对小农户生产要素配置与管理能力的作用：基于PSM-SFA模型的实证［J］. 农业技术经济（10）：64-73.

段小力，2020. 返贫的特征、成因及阻断［J］. 人民论坛（3）：90-91.

范和生，2018. 返贫预警机制构建探究［J］. 中国特色社会主义研究（1）：57-63.

方世巧，马泓宇，徐少癸，2018. 森林旅游生态补偿的机制与对策分析［J］. 生态经济，34（5）：207-211.

房建磊，2020. 重点国有林区森林旅游产业绩效提升策略研究［D］. 哈尔滨：东北林业大学.

冯永琦，邱晶晶，2021. 科技金融政策的产业结构升级效果及异质性分析：基于“科技和金融结合试点”的准自然实验［J］. 产业经济研究（2）：128-142.

付少平，石广洲，2021. 乡村振兴背景下脱贫人口面临的生计风险及其防范［J］. 西北农林科技大学学报（社会科学版），21（1）：19-28.

耿鹏鹏，2020. 地权稳定性如何影响农户收入?：基于要素配置的视角［J］. 农林经济管理学报，19（5）：611-623.

耿新，2020. 民族地区返贫风险与返贫人口的影响因素分析［J］. 云南民族大学学报（哲学社会科学版），37（5）：68-75.

龚维进，覃成林，李超，2018. 中国财政支出的减贫效应——基于结构与空间视角［J］. 经济与管理研究，39（5）：24-37.

郭素芳，刘琳琳，2017. 要素整合与农业经济增长动力转换：基于农业全要素生产率视角［J］. 天津师范大学学报（社会科学版）（1）：65-69.

韩斌，2015. 推进集中连片特困地区精准扶贫初析：以滇黔桂石漠化片区为例［J］. 学术探索（6）：73-77.

韩锋，宁攸凉，赵荣，2019. 自然保护区森林旅游对社区农户收入影响分析［J］. 生态经济，35（8）：136-140.

韩磊，乔花芳，谢双玉，等，2019. 恩施州旅游扶贫村居民的旅游影响感知差异［J］. 资源科学，41（2）：381-393.

韩峥，2004. 脆弱性与农村贫困［J］. 农业经济问题（10）：8-12.

何芬，赵燕霞，2015. 美、日促进集中连片特困地区减贫的经验借鉴［J］. 世界地理研究，24（4）：20-29.

何静，汪侠，刘丹丽，等，2019. 国家级贫困县旅游发展与多维贫困的脱钩关系研究：以西南地区为例［J］. 地理研究，38（5）：1189-1207.

何仁伟，李光勤，刘邵权，等，2017. 可持续生计视角下中国农村贫困治理研究综述［J］. 中国人口·资源与环境，27（11）：69-85.

何文剑，赵秋雅，张红霄，2021. 林权改革的增收效应：机制讨论与经验证据［J］. 中国农村经济（3）：46-67.

何元凯，龙耀，2021. 我国农村集体林区森林旅游发展路径选择［J］. 社会科学家（10）：63-68.

和月月，周常春，2020. 贫困地区农户生计脆弱性评价及影响因素分析［J］. 统计与决策，36（19）：70-74.

洪江，1999. 我国扶贫攻坚中返贫原因探析 [J]. 宁夏社会科学（1）：36-39.

胡德，2013. 建立集中连片特困地区可持续金融扶贫机制的思考与实践：湖北案例 [J]. 武汉金融（3）：59-60.

胡昕，2019. 生态旅游对农户生计脆弱性影响评价：基于社会-生态耦合分析视角 [J]. 林业经济，41（6）：77-82.

黄国庆，刘钇，时朋飞，2021. 民族地区脱贫户返贫风险评估与预警机制构建 [J]. 华中农业大学学报（社会科学版）（4）：79-88.

黄蕾，2018. 集中连片特困地区自我发展能力评价与提升研究 [D]. 太原：山西财经大学.

黄薇，2019. 保险政策与中国式减贫：经验、困局与路径优化 [J]. 管理世界，35（1）：135-150.

贾丽娜，2020. 重点国有林区森林旅游发展制约因素与协调性分析研究 [D]. 哈尔滨：东北林业大学.

蒋和胜，李小瑜，田永，2020. 阻断返贫的长效机制研究 [J]. 吉林大学社会科学学报，60（6）：24-34.

焦国栋，2005. 遏制我国农村返贫现象的若干举措探析 [J]. 中州学刊（4）：88-90.

柯水发，王宝锦，朱烈夫，等，2018. 我国国有林区产业转型困境解析与路径选择 [J]. 世界林业研究，31（5）：44-50.

孔祥智，钟真，原梅生，2008. 乡村旅游业对农户生计的影响分析：以山西三个景区为例 [J]. 经济问题（1）：115-119.

兰思仁，戴永务，沈必胜，2014. 中国森林公园和森林旅游的三十年 [J]. 林业经济问题，34（2）：97-106.

李海金，陈文华，2019. 稳定脱贫长效机制的构建策略与路径 [J]. 中州学刊（12）：77-82.

李佳，2015. 基于女性视角的广西民族地区旅游扶贫感知研究 [J]. 广西财经学院学报（10）：43-50.

李金蔚，2018. 农村返贫现象发生原因及遏制方法的思考 [J]. 公共管理（6）：61-62.

李晴，2019. 可持续生计视角下我国集中连片特困地区精准扶贫模式研究 [D]. 南京：南京大学.

李涛，张鹏，2020. 农地产权、要素配置与农户收入增长 [J]. 经济问题探索（12）：43-54.

李仙娥，李倩，2013. 秦巴集中连片特困地区的贫困特征和生态保护与减贫互动模式探析 [J]. 农业现代化研究，34（4）：408-411.

李彦，王鹏，梁经伟，2020. 生态旅游示范区对区域经济绿色发展的影响研究：基于准自然实验的视角 [J]. 经济问题探索（2）：21-30.

林文声，王志刚，王美阳，2018. 农地确权、要素配置与农业生产效率：基于中国劳动力动态调查的实证分析 [J]. 中国农村经济（8）：64-82.

凌国顺，夏静，1999. 返贫成因和反贫困对策探析［J］. 云南社会科学（5）：33-38.
刘华芝，2004. 论我国森林旅游资源的开发［J］. 经济师（5）：137-138.
刘玲琪，2003. 陕西省返贫人口特征分析与对策思考［J］. 人口学刊（4）：20-24.
刘七军，李昭楠，2016. 精准扶贫视角下连片特困区贫困农户自我发展能力提升研究［J］. 北方民族大学学报（哲学社会科学版）（4）：107-110.
刘兆征，2019. 集中连片特困地区扶贫脱贫的政策建议：基于吕梁山集中连片特困地区的分析［J］. 宏观经济管理（1）：85-90.
罗鲜荣，王玉强，保继刚，2017. 旅游减贫与旅游再贫困：旅游发展中不同土地利用方式对贫困人口的影响［J］. 人文地理，32（4）：121-128.
罗玉杰，李会琴，侯林春，等，2022. 可持续生计视角下乡村旅游地返贫风险识别及预警机制构建：以湖北省恩施州 W 村为例［J］. 干旱区资源与环境，36（2）：186-193.
马奔，刘凌宇，秦青，等，2017. 自然保护区周边农户家庭收入影响因素分析：以四川大熊猫自然保护区为例［J］. 林业经济问题，37（2）：45-50.
马奔，温亚利，2016. 生态旅游对农户家庭收入影响研究：基于倾向得分匹配法的实证分析［J］. 中国人口·资源与环境，26（10）：152-160.
马建章，1998. 森林旅游学［M］. 哈尔滨：东北林业大学出版社.
马绍东，万仁泽，2018. 多维贫困视角下民族地区返贫成因及对策研究［J］. 贵州民族研究，39（11）：45-50.
潘文轩，2020. 贫困地区返贫与新增贫困的现状、成因及对策：基于扶贫对象动态管理数据的统计分析［J］. 云南民族大学学报（哲学社会科学版），37（6）：72-81.
彭玮，龚俊梅，2021. 基于系统聚类法的返贫风险预警机制分析［J］. 江汉论坛（12）：23-31.
钱龙，洪名勇，2016. 非农就业、土地流转与农业生产效率变化：基于 CFPS 的实证分析［J］. 中国农村经济（12）：2-16.
钱龙，钱文荣，2018. 外出务工对农户农业生产投资的影响：基于中国家庭动态跟踪调查的实证分析［J］. 南京农业大学学报（社会科学版），18（5）：109-121.
邱守明，聂铭，朱永杰，2017. 生态旅游发展如何影响农户收入：云南省国家公园的实证分析［J］. 农村经济（7）：57-63.
仇童伟，石晓平，马贤磊，2015. 农地流转经历、产权安全认知对农地流转市场潜在需求的影响研究：以江西省丘陵地区为例［J］. 资源科学，37（4）：645-653.
任开荣，2010. 乡村旅游“内生式”发展模式实证研究：以云南省咪依噜风情谷［J］. 安徽农业科学（5）：1-2.
史常亮，占鹏，朱俊峰，2020. 土地流转、要素配置与农业生产效率改进［J］. 中国土地科学，34（3）：49-57.
苏芳，宋妮妮，薛冰，2021. 后脱贫时期可持续生计研究展望［J］. 地球环境学报，12（5）：483-497.
苏芳，徐中民，尚海洋，2009. 可持续生计分析研究综述［J］. 地球科学进展，24（1）：

61-69.

苏静，2018. 论托马斯·博格的全球贫困理论及其与批评者之间的争论［J］. 武汉科技大学学报（社会科学报），2015：518-522.

孙菲，王文举，2017. 中国农村贫困成因区域差异性研究［J］. 贵州民族研究，38（6）：25-29.

孙林凯，金家善，耿俊豹，2012. 基于修正邓氏灰色关联度的设备费用影响因素分析［J］. 数学的实践与认识，42（8）：140-145.

孙玉甫，程琳，2009. 简论生产要素及其构成［J］. 会计之友（下旬刊）（6）：107-108.

唐建兵，2016. 集中连片特困地区资源产业精准扶贫机制研究：以四川藏区为例［J］. 四川民族学院学报，25（2）：50-55.

唐勇，张命军，秦宏瑶，等，2013. 国家集中连片特困地区旅游扶贫开发模式研究：以四川秦巴山区为例［J］. 旅游资源，29（10）：1114-1117.

田里，刘亮，2021. 旅游驱动型区域返贫：内涵、路径与阻断［J］. 湖湘论坛，34（1）：86-92.

田园，蒋轩，王铮，2018. 中国集中连片特困区贫困成因的地理学分析［J］. 中国农业大学学报（社会科学版），35（5）：32-43.

汪三贵，冯紫曦，2019. 脱贫攻坚与乡村振兴有机衔接：逻辑关系、内涵与重点内容［J］. 南京农业大学学报（社会科学版）（5）：8-14.

汪侠，甄峰，沈丽珍，等，2017. 基于贫困居民视角的旅游扶贫满意度评价［J］. 地理研究，36（12）：2355-2368.

王宝，2016. 中国集中连片特困区空间特征及致贫机理［J］. 开发研究（6）：59-61.

王必锋，2013. 要素市场扭曲对中国经济外部失衡的影响研究［D］. 沈阳：辽宁大学.

王刚，贺立龙，2017. 返贫成因的精准识别及治理对策研究［J］. 中国经贸导刊（8）：37-38.

王国敏，2005. 农业自然灾害与农村贫困问题研究［J］. 经济学家（3）：55-61.

王焕刚，张程，聂常虹，2021. 我国扶贫政策演进历程与农村社会的多维度变迁：分析与启示［J］. 中国科学院院刊，36（7）：787-796.

王庆，林卿，2021. 新时代森林旅游高质量发展的现实困境与实施路径研究［J］. 生态经济，37（10）：137-143.

王松茂，何昭丽，郭英之，等，2020. 旅游减贫具有空间溢出效应吗？［J］. 经济管理，42（5）：103-119.

王璇，张俊飚，何可，等，2021. 政府救助对农村减贫效应的影响：基于 CFPS 数据的 PSM-DID 估计［J］. 统计与决策，37（5）：15-19.

王榆青，2000. 关于我国农村返贫问题探讨［J］. 云南财经与会计（8）：12-15.

王赞新，2015. 集中连片特困地区的生态补偿式扶贫标准与思路：以大湘西地区为例［J］. 湖湘论坛，28（4）：59-63.

韦惠兰，罗万云，2018. 精准扶贫视角下农户生计脆弱性及影响因素分析：基于甘肃省贫困地区的实证调查［J］. 河南师范大学学报（哲学社会科学版），45（2）：65-71.
温赛赛，鞠晓慧，2022. 基于PSR模型的黑龙江省森林旅游与生态环境耦合协调的动态演进研究［J］. 经济研究导刊（16）：46-51.
温彦平，2001. 论森林生态旅游资源的保护与利用［J］. 生态经济（5）：44-46.
巫志斌，司春风，黄泽夏，2013. 广西集中连片特困地区金融扶贫机制研究［J］. 区域金融研究（9）：14-19.
吴本健，肖时花，马雨莲，2021. 人口较少民族脱贫家庭的返贫风险：测量方法、影响因素与政策取向［J］. 西北民族研究（2）：119-135.
谢双玉，李琳，冯娟，等，2020. 贫困与非贫困户旅游扶贫政策绩效感知差异研究：以恩施为例［J］. 旅游学刊，35（2）：80-92.
徐晶，张正峰，2020. 家庭务工对农户参与农地流转行为的影响［J］. 中国土地科学，34（10）：99-107.
徐孝勇，封莎，2017. 中国14个集中连片特困地区自我发展能力测算及时空演变分析［J］. 经济地理，37（11）：151-160.
许庆，刘进，钱有飞，2017. 劳动力流动、农地确权与农地流转［J］. 农业技术经济（5）：4-16.
许扬，保继刚，2022. “阿者科计划”对农户生计的影响分析：基于DFID可持续生计框架［J］. 热带地理，42（6）：867-877.
颜廷武，2005. 返贫困：反贫困的痛楚与尴尬［J］. 调研世界（1）：37-39.
杨静凤，2020. 可持续生计下民族旅游村寨农户返贫风险与阻断机制研究［D］. 桂林：桂林理工大学.
杨龙，谢昌凡，李萌，2021. 脱贫人口返贫风险管理研究：基于“三区三州”M县的调查［J］. 西北民族研究（2）：136-149.
姚海琴，朋文欢，黄祖辉，2016. 家庭型乡村旅游发展对农户收入的影响机制及效果：以浙江、四川和湖南三省为例［J］. 经济地理，36（11）：169-176.
于代松，唐志浩，2021. 现阶段我国农村返贫成因及对策研究［J］. 黄河科技学院学报，23（3）：47-51.
于开锋，金颖若，2007. 国内外森林旅游理论研究综述［J］. 林业经济问题（4）：380-384.
于平，2004. 破坏生态的扶贫最终只能返贫［J］. 生态经济（9）：25.
余利红，2019. 基于匹配倍差法的乡村旅游扶贫农户增收效应［J］. 资源科学，41（5）：955-966.
曾永明，2011. 基于GIS和BP神经网络的区域贫困与扶贫现状空间模拟分析［D］. 成都：四川师范大学.
张帆，2020. 精准扶贫视角下返贫路径的阻断与优化［J］. 农业经济（4）：91-92.
张丽娜，郝晓蔚，张广科，等，2016. 国外农村扶贫模式与中国“精准扶贫”创新模式探讨［J］. 黑龙江畜牧兽医（10）：35-37.
张钦，赵雪雁，雒丽，等，2016. 高寒生态脆弱区气候变化对农户生计的脆弱性影响评价：

以甘南高原为例［J］. 生态学杂志，35（3）：781-790.

张霞，王斌，2020. 陕北地区乡村精准扶贫效应评价［J］. 中国农业资源与区划 41（6）：311-318.

张翔，2016. 集中连片特困地区教育精准扶贫机制探究［J］. 教育导刊（6）：23-26.

张学敏，史玲燕，薛艳，等，2021. 乡村振兴视阈下返贫预警评价指标体系构建与实证［J］. 统计与决策，37（13）：58-62.

张耀文，郭晓鸣，2019. 中国反贫困成效可持续性的隐忧与长效机制构建：基于可持续生计框架的考察［J］. 湖南农业大学学报（社会科学版），20（1）：62-69.

张玉强，李祥，2017. 我国集中连片特困地区精准扶贫模式的比较研究：基于大别山区、武陵山区、秦巴山区的实践［J］. 湖北社会科学（2）：46-56.

赵磊，吴媛，2018. 中国旅游业与农村贫困减缓：事实与解释［J］. 南开管理评论，21（6）：142-155.

郑瑞强，曹国庆，2016. 脱贫人口返贫：影响因素、作用机制与风险控制［J］. 农林经济管理学报，15（6）：619-624.

周迪，王明哲，2019. 改革迸活力：国家扶贫改革试验区政策的经济效应研究［J］. 中国农村观察（6）：127-144.

朱长宁，2014. 退耕还林背景下农户经济行为研究［D］. 南京：南京农业大学.

邹芳芳，陈秋华，2020. 农户适应森林旅游意愿的影响因素分析：基于福建省 16 个森林旅游景点调研的实证检验［J］. 林业经济，42（5）：87-96.

邹薇，郑浩，2014. 我国家户贫困脆弱性的测度与分解：一个新的分析思路［J］. 社会科学研究（5）：54-65.

GAIHA R，2000. 农村脱贫战略的设计扶贫［M］. 北京：中国农业科技出版社.

AAZAMI M，SHANAZI K，2020. Tourism wetlands and rural sustainable livelihood：The case from Iran［J］. Journal of Outdoor Recreation and Tourism，30：100284.

AC,ıKSÖZ S，CETINKAYA G C，UZUN O，et al，2015. Linkages among ecotour-ism，landscape and natural resource management，and livelihood diversification in the region of Sugla Lake，Turkey［J］. International Journal of Sustainable Development & World Ecology，23（1）：15-27.

AJZEN I，FISHBEIN M，1988. Theory of reasoned action-theory of planned behavior［J］. University of South Florida，2007：67-98.

ANDAM K S，FERRARO P J，SIMS K R E，et al，2010. Protected areas reduced poverty in Costa Rica and Thailand［J］. Proceedings of the National Academy of Sciences，107（22）：9996-10001.

BAROW R M，KENNY D，1986. The moderator mediator variable distinction in social psychological research：Conceptual，Strategic，and statistical considerations［J］. Journal of Personality and Social Psychology，51：1173-1182.

BLAKE A，ARBACHE J S，SINCLAIR M T，et al，2008. Tourism and poverty relief［J］.

Annals of Tourism Research，35（1）：107-126.

CANTILLON R，1755. Essai sur la nature du commerce en général [M]. éditeur non identifié.

CHAMBERS R，CONWAY R，1992. Sustainable rural livelihoods：Practical conupts for the 21st century [J]. IDS Discussion Paper，296：127-130.

CIAIAN P，FALKOWSKI J，2012. Access to credit，factor allocation and farm productivity：Evidence from the CEE transition economies [J]. Agricultural Finance Review，72（1）：22-47.

COHEN-HATTAB K，GELBMAN A，SHOVAL N，2018. From ideological space to recreational tourism：theIsraeli forest [J]. Journal of Tourism and Cultural Change，16（25）：501-502.

DOUGLASS R W，1982. Forest recreation [M]. New York：Pergamon Press.

FISHBEIN M，AJZEN I，1975. Belief，attitude，intention，and behavior：An introduction to theory and research [J]. Philosophy and Rhetoric，10（2）：179-221.

GOSSLING S，2018. Ecotourism：Anieans to safeguard biodiversity and ecosystem functions [J]. Ecological Economics（29）：303-320.

HECKMAN J，ICHIMVRA H，TODD P，1997. Matching as an econometric evaluation estimator：evidence from evaluating a job training programme [J]. The Review of Economic Studies，64：605-654.

HOLDEN A，SONNE J，NOVELLI M，2011. Tourism and poverty reduction：An interpretation by the poor of Elmina，Ghana [J]. Tourism Planning & Development，8（3）：317-334.

HU J，WANG Z，HUANG Q，2021. Factor allocation structure and green-biased technological progress in Chinese agriculture [J]. Economic Research-Ekonomska Istraživanja，34（1）：2034-2058.

HUNT C A，DURHAM W H，DRISCOLL L，et al，2015. Can ecotourism deliver real economic，social，and environmental benefits? A study of the Osa Peninsula，Costa Rica [J]. Journal of Sustainable Tourism，23（3）：339-357.

JALANI J O，2012. Local people's perception on the impacts and importance of ecotourism in Sabang，Palawan，Philippines [J]. Procedia Social and Behavioral Sciences，57（9）：247-254.

KIERNAN，2013. The nature conservation，geotourism and poverty reduction nexus in developing countries：A case study from the Lao PDR [J]. Geoheritage，5（3）：207-225.

KIM N，SONG H J，PYUN J H，2016. The relationship among tourism，poverty，and economic development in developing countries：A panel data regression analysis [J]. Tourism Economics，22（6）：1174-1190.

MALTHUS T R，1978. An essay on the principle of population [M]. London：J. Johnson in St. Paul's Church-Yard.

MANWA H, MANWA F, 2014. Poverty alleviation through pro-poor tourism: the role of Botswana forest reserves [J]. Sustainability, 6 (9): 5697-5713.

MOWFORTH M, MUNT I, 2015. Tourism and sustainability: Development, globalisation and new tourism in the third world [M]. London: Routledge.

MUCHAPONDWA E, STAGE J, 2013. The economic impacts of tourism in Botswana, Namibia and South Africa: Is poverty subsiding? [J]. Natural Resources Forum, 37 (2): 80-89.

MUGANDA M, SAHLI M, A SMITH K, 2010. Tourism's contribution to poverty alleviation: A community perspective from Tanzania [J]. Development Southern Africa, 27 (5): 629-646.

NURKSE R, 1953. Problems of capital formation in underdeveloped countries [M]. Oxford: Blackwell.

NYAUPANE G P, POUDEL S, 2011. Linkages among biodiversity, livelihood, and tourism [J]. Annals of Tourism Research, 38 (4): 1344-1366.

ODHIAMBO N M, VAN ZYL C, 2012. Tourism and poverty reduction in South Africa [J]. Actual Problems of Economics, 135 (9): 434-444.

PETTY W, 1662. The economic writings of sir William Petty [M]. Florida: University Press.

RIZIO D, GIOS G, 2014. A sustainable tourism paradigm: Opportunities and limits for forest landscape planning [J]. Sustainability, 6 (4): 2379-2391.

RODRIGUES D H, CALIXTO E, CESARIO C S, et al, 2021. Feeding ecology of wild brown-nosed coatis and garbage exploration: A study in two ecological parks [J]. Animals, 11 (8): 2412.

ROSCIANO N G, SVAGELJ W S, REY A R, 2013. Effect of anthropic activity on the imperial cormorants and rock shags colonies in the Beagle Channel, Tierra del Fuego [J]. Revista de biología marina y oceanografía, 48 (1): 165-176.

ROWNTREE B S, 1902. Poverty: A study of town life [M]. London: Macmillan.

SCHEYVENS R, 1999. Ecotourism and the empowerment of local communities [J]. Tourism Management, 20 (2): 245-249.

SCHULTZ T W, 1961. Investment in human capital [J]. The American Economic Review, 51 (1): 1-17.

SCOONES I, 1998. Sustainable rural livelihoods: A framework for Analysis [M]. Sussex: Institute of Development Studies.

SEN A, SEN M A, FOSTER J E, et al, 1997. On economic inequality [M]. New York: Oxford University Press.

SENIOR N W, 1836. An outline of the science of political economy [M]. London: W. Clowes and Sons.

SHACKLETON C M, SHACKLETON S E, BUITEN E, et al, 2007. The importance of dry woodlands and forests in rural livelihoods and poverty alleviation in South Africa [J]. Forest Policy & Economics, 9 (5): 558-577.

SNYMAN S, 2014. The impact of ecotourism employment on rural household incomes and social welfare in six southern African countries [J]. Tourism and Hospitality Research, 14 (1-2): 37-52.

SOLOMON B, COREY LUSE, HALVORSEN K, 2017. The Florida manatee and ecotourism: Toward a safem inimum standard [J]. Ecological Economics (50): 101-115.

STONE M T, NYAUPANE G P, 2015. Protected areas, tourism and community livelihoods linkages: A comprehensive analysis approach [J]. Journal of Sustainable Tourism, 24 (5): 673-693.

TOWNSEND P, 1979. Poverty in the United Kingdom: A survey of household resources and standards of living [M]. Oakland: University of California Press.

TRAU A M, 2012. Beyond pro-poor tourism: (re) interpreting tourism-based approaches to poverty alleviation in Vanuatu [J]. Tourism Planning & Development, 9 (2): 149-164.

Zyl C, 2005 . The role of tourism in the conservation of cultural heritage with particular relevance for South Africa [D]. Stellenbosch: University of Stellenbosch.

WALL G, WRIGHT C, 1997. The environment impact of outdoor recreation [M]. Ontario: University of Waterloo.

WUNDER S, 2000. Ecotourism and economic incentives-an empirical approach [J]. Ecological Economics, 32 (3): 465-479.

附件

农户调查问卷

（编号：　　　　）

县：__________乡（镇）：__________村：__________
村小组：________景区：__________被调查者：________
联系电话：________调查者：__________

1. 家庭基本信息

家庭结构			
家庭成员	年龄	职业	收入

1.1 户主性别：0 男　　1 女

1.2 户主年龄：________岁

1.3 户主民族：0 汉族　1 少数民族________族

1.4* 户主文化程度：________年

1.5* 户主健康状况：1 健康　2 慢性病　3 大病　4 残疾

1.6 家庭人口数：________人

1.7* 家庭劳动力人数：________人

1.8* 户主劳动能力：1 无劳动力　2 弱劳动力　3 普通劳动力　4 技能劳动力

1.9 家里是否有村干部，是谁：1 没有　2 现在有　3 曾经有________

1.10* 家里是否有亲戚或朋友在政府机关和企事业单位任职：0 有　1 无

1.11 居住地地理位置：0 景区内　1 景区外

1.12 居住地到景区大门的步行距离：________米

1.13 居住地到公路的步行距离：________米

注：①上过几年学：小学 6 年、初中 9 年、高中 12 年、大学 16 年、中专 11 年、大专 15 年、研究生 18～19 年。

②18～60 岁具有劳动能力的为完整劳动力算 1 人，因伤、病丧失劳动能力为不是劳动力算 0 人，18 岁以下 60 岁以上仍从事劳动的为半劳动力算 0.5 人。

③慢性病包含冠心病、脑梗死、脑出血、高血压、糖尿病、哮喘、气管炎等，大病包含心肌梗死、白血病及肿瘤等。

2. 参与旅游情况

2.1 参与旅游（1）

2.1.1 参与旅游的形式：1 经营商铺　2 餐饮　3 住宿　4 运输　5 导游　6 景区管理人员　7 景区保安　8 景区保洁　9 集体经济　10 租出土地、房屋给其他人参与旅游（间接参与）　11 其他__________

2.1.2 哪一年参与：__________

2.1.3 自营的话投入多少资金和人员：__________元__________人

2.1.4 如果是自营，为什么会来经营？1 有资金　2 有劳动力　3 有空余时间　4 有人脉　5 有渠道　6 旅游收入高　7 地理位置好　8 有土地或房屋　9 其他__________如果是打工，怎么得到的工作？__________________

2.2 未参与旅游（0）

2.2.1 没有参与旅游的原因是什么：1 没有资金　2 没有劳动力　3 没有空余时间　4 学历不高　5 没有人脉　6 没有渠道　7 旅游收入太低　8 地理位置不好　9 没有土地或房屋　10 其他__________

2.2.2 是否愿意参与旅游：0 不愿意　1 愿意

2.2.3 愿意参与旅游的方式是什么：1 经营商铺　2 餐饮　3 住宿　4 运输　5 导游　6 景区管理人员　7 景区保安　8 景区保洁　9 集体经济　10 租出土地、房屋给其他人参与旅游（间接参与）　11 其他__________

2.2.4 是否愿意为旅游放弃农业工作：0 不愿意　1 愿意

3　家庭全年收入、支出情况

年份	人均总收入 I*	经营性收入 M			转移性收入 T				财产性收入 P			工资性收入 W	
		农业 M1	林业 M2	自营 M3	离退休金 T1	旅游相关补贴（实际调研）T2	赡养费 T3	其他补贴 T4	农、林地租赁 P1	集体分红（问村委会）P2	房屋租赁 P3	政府事业单位上班收入 W1	打工收入 W2
2015													
2019													

注：其他补贴为政府给的一切补贴，包括公益林补贴、贫困补贴、养老保险补贴、房屋补贴、基础设施补贴等。

4. 生产要素变动情况

年份	土地G/亩						资本C/元		组织O	劳动力L
	自有耕地面积	自有林地面积	耕地转入面积	耕地转出面积	林地转入面积	林地转出面积	固定资本投资额	流动资本投资额	劳动力培训总次数/参与人数	旅游就业占比旅游就业时长/劳动力总时长
2015										
2019										

注：固定资本投资包括建造和购置固定资产的投资活动如土地租赁、房屋购置、设备购置等，流动周期较强；流动资本投资包括生产经营活动中的现金流量，流动周期较短。

5. 生计资本情况

年份	物质资本T									自然资本N	金融资本F		社会资本S	
	房屋总面积T1*	住房结构T2*	家庭固定资产T3*							是否遭遇自然灾害、环境污染N*	借贷机会F1*	无偿现金援助机会F2*	参加农民协会或者合作社数量S1*	邻里信任度S2*
	平方米	1混凝土房 2砖混房 3砖瓦房 4砖木房 5土木房	汽车/辆	三轮车/辆	摩托车/辆	拖拉机/辆	手机/部	电视/台	电脑/台	0没有 1有	0没有 1有	0没有 1有	个	1不信任 2不太信任 3一般信任 4绝大程度 5非常信任
2019														

注：借贷机会为农户能从银行或信用社或亲朋好友处获得现金借贷的机会，无偿现金援助机会为农户在过去的一年以现金的形式收到捐款或者汇款。

访谈问题

政府：

政府为发展旅游做出了哪些举动？比如投入了多少资金，这些资金用于哪些方面？颁布了哪些政策？（比如如果征用了农户房屋、土地，是以什么方式补偿？有哪些政策引导农户参与旅游？）

景区：

1. 景区旅游发展情况如何？有哪些游玩项目？（近年来门票收入和旅游人次如何？淡旺季情况？门票收入归谁所有？是否会给周边农户门票补贴？旅游经营发展过程中存在什么问题或可能存在什么风险？）

2. 景区的经营和管理模式（政府主导还是公司主导）？是否为农户提供了

就业机会（如果是公司主导，农户的参与机会是否因此变少）？有多少当地农户在景区就业？会对景区里面的工作人员进行培训吗？

村：

1. 村的面积多大？地理状况和资源状况如何？森林覆盖率如何？耕地和林地面积如何？主要种植什么农作物？

2. 村里共有多少户多少人？常住人口占比多少？劳动力人口多少？劳动力外出务工占比多少？其中参与旅游有多少户多少人？

3. 村里是整村进入旅游还是农户自主进入旅游？

4. 村里是否有相关政策扶持旅游发展？有没有引导年轻人回村发展的相关政策？

5. 是否有农村合作社或者旅游合作社？有带动农户吗？有组织召开技能培训吗？

6. 村里有除了旅游业以外的其他产业吗？产业是什么？有电商营销吗？

7. 村里是否有企业家和成功人士带领农户脱贫？脱贫的方式是什么？

8. 农户能得到固定的补贴有哪些？比如粮食直补、退耕补偿、公益林补偿、旅游门票补偿等其他补贴。

图书在版编目（CIP）数据

集中连片特困地区森林旅游目的地社区农户返贫阻断机制研究 / 邱守明等著 . —北京：中国农业出版社，2023.2

ISBN 978-7-109-30477-2

Ⅰ. ①集… Ⅱ. ①邱… Ⅲ. ①不发达地区—森林旅游—作用—扶贫—研究—中国 Ⅳ. ①F126

中国国家版本馆 CIP 数据核字（2023）第 039265 号

中国农业出版社出版

地址：北京市朝阳区麦子店街 18 号楼

邮编：100125

责任编辑：陈 瑨

版式设计：杨 婧　　责任校对：张雯婷

印刷：北京中兴印刷有限公司

版次：2023 年 2 月第 1 版

印次：2023 年 2 月北京第 1 次印刷

发行：新华书店北京发行所

开本：720mm×960mm　1/16

印张：8.75

字数：200 千字

定价：58.00 元

封面设计：田　雨

ISBN 978-7-109-30477-2

9 787109 304772 >

定价：58.00元